本专著系内蒙古自治区教育科学研究"十四五"规戈
联网+"背景下数字经济专业应用型人才培养模式研究
的阶段性研究成果。

数字经济建设与发展研究

樊寒伟 著

汕頭大學出版社

图书在版编目（CIP）数据

数字经济建设与发展研究 / 樊寒伟著． -- 汕头：汕头大学出版社，2023.8
　ISBN 978-7-5658-5137-7

Ⅰ．①数… Ⅱ．①樊… Ⅲ．①信息经济－经济发展－研究－中国 Ⅳ．①F492

中国国家版本馆CIP数据核字（2023）第173386号

数字经济建设与发展研究
SHUZI JINGJI JIANSHE YU FAZHAN YANJIU

作　　者：樊寒伟
责任编辑：郑舜钦
责任技编：黄东生
封面设计：皓　月
出版发行：汕头大学出版社
广东省汕头市大学路243号汕头大学校园内　邮政编码：515063
电　　话：0754-82904613
印　　刷：廊坊市海涛印刷有限公司
开　　本：710mm×1000mm　1/16
印　　张：11
字　　数：210千字
版　　次：2023年8月第1版
印　　次：2024年1月第1次印刷
定　　价：68.00元

ISBN 978-7-5658-5137-7

版权所有，翻版必究
如发现印装质量问题，请与承印厂联系退换

前 言

作为新发展阶段经济高质量发展的新模式与新动力,数字经济的发展对于提振我国实体经济、增强国际竞争力、建设新发展格局具有重要意义。数字经济是引领全球经济增长的新引擎。从作用机制来看,一方面,数字经济通过产业数字化、数字产业化的发展直接作用于实体经济;另一方面,数字经济通过影响实体产业供需结构,促使产业结构合理化来间接推进实体经济发展。此外,数字经济对实体经济的影响在不同的市场化程度与经济发展水平下表现出明显的异质性,在低市场化程度和经济发展水平区域的作用更强。据此,提出可持续推进数字产业化、产业数字化发展保障数字经济的内源驱动力量,同时注重数字经济实施市场环境差异性因地施策。

数字经济是对互联网、人工智能、5G、区块链等新一代信息技术的应用,充分理解全国统一大市场建设的深刻内涵和作用机理,把握数字经济在全国统一大市场建设背景下的重大发展机遇,选择符合全国统一大市场建设需求的数字经济发展路径,对于我国经济社会高质量发展具有重要意义。

本书从数字经济的理论出发,对数字经济的战略发展、数字经济金融作了介绍,接着阐述了数字经济的人才培养和数字经济制度指标的体系构建,最后对数字经济的发展应用作了分析。本书可为经济工作者提供参考。

在本书的写作过程中,得到了收到很多宝贵的建议,谨在此表示感谢。同时作者参阅了大量的相关著作和文献,在参考文献中未能一一列出,在此向相关著作和文献的作者表示诚挚的感谢和敬意,同时也请对写作工作中的不周之处予以谅解。由于作者水平有限,编写时间仓促,书中难免会有疏漏不妥之处,恳请专家、同行不吝批评指正。

目 录

第一章 数字经济的理论 ·· 001
  第一节 数字经济的理论知识 ·· 001
  第二节 数字经济的基本原理 ·· 010

第二章 数字经济发展的战略决策 ·· 024
  第一节 基础建设战略决策 ·· 024
  第二节 融合发展战略决策 ·· 027
  第三节 共享参与战略决策 ·· 031

第三章 数字经济与金融 ·· 036
  第一节 数字金融理论和数字金融的影响 ·· 036
  第二节 数字金融创新 ·· 045
  第三节 数字金融的风险及其防控 ·· 052

第四章 数字经济时代的人才培养 ·· 056
  第一节 数字经济时代的人才发展 ·· 056
  第二节 提升数字经济人才吸引力 ·· 059
  第三节 数字经济时代企业人才管理智慧转型探析 ···································· 069

第五章 数字经济制度体系的构建 ·· 076
  第一节 数字经济制度理论和学界成果 ·· 076
  第二节 数字经济制度的基本原则和体系结构 ·· 083
  第三节 数字经济制度体系的总体特征和运行目标 ···································· 087

第六章　智能化数字经济的构建 ·· 092
第一节　区块链与人工智能加速数字经济发展 ················ 092
第二节　区块链与人工智能技术的融合 ·························· 099
第三节　区块链与人工智能融合的行业应用 ···················· 104

第七章　数字经济下的产业重构 ·· 112
第一节　工业互联网 ·· 112
第二节　新型交通网络 ··· 123
第三节　新能源 ·· 128

第八章　数字经济时代的应用发展 ···································· 132
第一节　数字经济时代的城市管理 ·································· 132
第二节　数字经济时代的企业管理 ·································· 149

参考文献 ··· 169

第一章　数字经济的理论

第一节　数字经济的理论知识

一、数字经济的概念

（一）数字经济的定义

早在20世纪90年代，数字经济的提法就已经出现。是由被称为"数字经济之父"的美国经济学家唐·塔普斯科特（Don Tapscott）提出的，从国家、政府和政府组织层面来说，数字经济的概念也是在20世纪90年代，最早由经济合作与发展组织（Organization for Economic Co-operation and Development，OECD）提出的。此后，各国政府便采取措施将数字经济作为推动经济增长的新动能。

数字经济的具体内涵可界定为以知识为基础，在数字技术（特别是在计算机和因特网）催化作用下，在制造领域、管理领域和流通领域以数字化形式表现的新经济形态。这一内涵的界定包括三个方面：在形式上表现为商业经济行为的不断数字化、网络化和电子化，即电子商务的蓬勃发展；在内容上体现为传统产业的不断数字化以及新兴数字化产业的蓬勃发展；实质是在以创新为特征的知识社会中，当以1和0为基础的数字化技术发展到一定阶段，信息数字化扩展到整个经济社会的必然趋势。

数字经济就是在数字技术的基础上形成的经济，是数据信息在网络中流行而产生的一种经济活动，其基本特征主要有三点：第一，数字技术在大范围内被推广使用，使得经济环境与经济活动发生了根本性改变；第二，经济活动在现代信息网络中发生的频率增多；第三，信息技术使经济结构得以优化，并有效地推动了经济增长。

虽然以上定义各有侧重，且范围不同，但都认为数字经济是一种基于数字技术的经济。

数字经济分为狭义和广义。狭义的数字经济是指完全或者主要由基于数字产品或服务的商业模式的数字技术所引起的那部分产出,即核心部门或者数字部门,包括软件制造、信息服务等行业;广义的数字经济数字化经济,包括一切基于数字技术的经济活动,即除了狭义的数字经济外,还包括工业 4.0、精准农业、电子商务等。这种定义虽然模糊了界限,但是足以将未来涌现的基于数字技术的新业态纳入进来。

(二)与相关概念的区别和联系

20 世纪 90 年代以后,信息技术对整个社会产生的影响随着科技发展的脚步逐步加深,而人们对信息技术融入经济与社会这一过程的定义,在不同的发展阶段产生了不同的概念。除了早期的"信息经济"和近年的"数字经济"外,还存在网络经济、知识经济等概念。这些概念产生于数字经济发展的不同阶段,分别反映出不同时期人们对信息技术引起的社会变革的不同角度的理解,这些概念在定义和内涵上有细微的差别,但它们都是在描述信息技术对人类社会经济活动产生的影响与革新。

1. 信息经济

信息经济是一种日益强调信息活动和信息产业重要性的经济。信息经济是指以生产、获取、处理和应用信息为主的经济。信息经济是一种以新技术、新知识和新技能贯穿于整个社会活动的新型经济形式,其根本特征是在经济运行过程中,信息成分大于物质成分,而且占主导地位,还有信息要素对经济的贡献。信息经济可以从微观和宏观角度理解。宏观信息经济研究信息作为生产要素的特征、功能以及对经济系统的作用条件和作用规律,它同知识经济相通,属于同一个范畴;微观信息经济是分析信息产业和信息产品的特征、在整个国民经济中的地位和比重以及信息对国民经济的贡献,强调的是信息产业部门经济。

信息经济是与"数字经济"最相似的概念,也是引起最广泛研究的概念之一。事实上,二者既存在着时间上的顺承关系,也存在着显著的内涵差异。

一方面,数字经济由信息经济发展而来,是信息经济发展的高级阶段。20 世纪中叶,微电子技术和集成电路水平的提升,加上信息存储基础设施的突破,即第二代晶体管电子计算机的发明,极大地提高了信息和知识的存储能力。20 世纪 50 年代,数字技术扩散至其他领域,在其他产业的应用与融合过程中,对产业结构和经济社会发展产生了深远影响。该概念的使用伴随数字技术在经济社会的渗透被逐步认可,概念的内涵也随之不断丰富。20 世纪七八十年代,在集成电路的规模化、微型处理器的出现等条件下,数字技术与其他产业部门的融合进入加速阶段,新现象的出现进一步丰富了信息部门的内涵。除了直接向市场提供信息产品和服务的第一信息部门，同时存在把信息劳务和资本仅作为投入，并不直接进入市场的第二信息部门，将信息部门的外延进一步延伸至融合了信息产品和服务的其他经济部门。此时，数字经济与其他经济部门出现融合趋势，进一步深化了对经济社会的影响。

另一方面，数字经济在技术基础、经济拉动、产业变革和社会变革等方面都呈现出与信息经济不同的特征。20世纪八九十年代，互联网技术日益成熟，生成了全球范围的海量数据，对原有基于分散的终端进行数据处理的能力造成了极大挑战，促使数字技术新特征的发展。20世纪末，大数据、云计算等新兴数字技术发展迅猛，带动数字技术从信息产业的外溢，在促进传统产业数字化的同时，也催生了新的产业和新的经济运行模式。进入21世纪，数字经济的概念不断传播，被广泛接受和使用。经济合作与发展组织的相关研究报告开始使用数字经济展望取代了之前的通信展望、互联网经济展望和信息与通信技术展望：从信息经济概念到数字经济概念使用上的变化，体现了数字经济的发展演化过程，在数字技术在经济部门更加广泛地渗透、应用及融合的背景下，数字经济将以更广泛、更深入、更高级的方式为经济社会的发展带来更为深刻的变革。

2. 网络经济

"网络经济"又称互联网经济，是信息网络化时代产生的一种崭新的经济现象。网络经济兴起于20世纪90年代中期，经历了千禧年前后的互联网泡沫之后进入蓬勃发展阶段，并从网络宽带逐渐发展到移动互联网的新阶段。广义上理解，网络经济是指基于互联网进行的以资源的生产、分配、交换和消费为主的新形式经济活动。在当今发展阶段中，主要包括电子商务、即时通信、搜索引擎、网络游戏等形态。在网络经济的形成与发展过程中，互联网的广泛应用及电子商务的蓬勃兴起发挥了举足轻重的作用。互联网是网络经济存在的基础条件，电子商务是其核心。这主要是由于网络经济是伴随国际互联网的发展而产生出来的，因此围绕国际互联网发展起来的一些新兴行业是网络经济不可缺少的一部分。在互联网经济时代，经济主体的生产、分配、交换和消费等经济活动以及金融机构和政府职能部门等主体的经济行为，都越来越多地依赖网络，从网络上获取大量经济信息，依靠网络进行预测和决策以及直接在信息网络上进行交易。国际互联网的发展改变了过去传统的交易方式，使得国际互联网成为传统经济一个便捷的交易平台，因此原来通过传统的方式进行的交易活动演变成通过国际互联网进行的交易活动，即电子商务，应当视为网络经济的重要组成部分。

3. 知识经济

20世纪以来,知识经济与数字经济都引起了人们的广泛关注,并且在相当长时间内被认为有替代性。知识经济是以知识为基础的经济,直接依赖于知识和信息的生产、传播与应用。将知识经济定义为建立在知识的生产、分配和使用(消费)之上的经济。其所述内容包括人类迄今为止所创造的一切知识,最重要的部分是科学技术、管理及行为科学知识。从生产要素的角度看,知识要素对经济增长的贡献高于土地、劳动力、资本等,因而"知识经济"是一种以知识为基础要素和增长驱动器的经济模式。

数字经济与信息经济、网络经济、知识经济之间的确存在差异。信息经济强调信息技术相关产业对经济增长的影响;网络经济强调互联网进行的以资源生产、分配、交换和消费为主的经济活动;知识经济强调知识作为基础要素在经济发展中的作用;数字经济则突出表现在整个经济领域的数字化。数字经济以信息通信技术的重大突破为基础,以数字技术和实体经济融合驱动的产业梯次转型及经济创新发展为引擎,其概念与范畴、特征与边界、运行机理与架构等均产生了质的飞跃。随着新一代信息技术的颠覆式创新与融合式发展,当前发展数字经济的重点不仅仅是发展以阿里巴巴、腾讯等企业为代表的互联网企业,而是发展的重点已经转变为推动互联网、大数据、人工智能和实体经济深度融合,数字经济绝不是特指少数互联网领军企业,而是要大力推进全产业、全主体、全要素、全业务、全渠道的数字化转型。

知识经济的产生是人类发展过程中知识积累到一定程度的结果,并最终孕育了信息技术和互联网的诞生。同时,信息技术和互联网的广泛应用更加促进人类知识的积累,并加速人类向数字时代的过渡。知识的不断积累是当今世界变化的基础;信息产业、网络经济的蓬勃发展是当代社会发生根本变化的催化剂;数字经济则是发展的必然结果和表现形式。由此可见,这几个概念相辅相成、一脉相承。

二、数字经济的特点

数字经济作为一种有别于农业经济和工业经济的新型经济形态,其呈现出一些传统经济所不存在的独有特点,具体表现在以下几个方面。

(一)数字化

数字经济时代,一切信息均能够以数字化形式表达、传送和储存,数据成为移动经济发展的关键生产要素:从生产要素来看,农业经济的核心要素是土地,工业经济的核心要素是资本、煤炭、石油,而数字经济的核心要素则是数据。数字经济领域时刻有海量数据产生,而且随着移动互联网和物联网的蓬勃发展,人与人、人与物、物与物的互联互通得以实现,数据资源、数据量呈几何级数爆发式增长。数据资源将是企业的核心实力,谁掌握了数据,谁就具备了优势。对国家也是如此。大数据是"未来的新石油"、数字经济中的"货币"以及"陆权、海权、空权之外的另一种国家核心资产"。数据是驱动数字经济技术创新与模式创新的核心力量,对数据的分析、挖掘与利用,可以释放巨大价值,数据日益成为重要战略资源和新型生产要素。

（二）智能化

智能化是指事物在互联网、大数据、物联网、人工智能等技术支撑下能动地满足人类需求的属性。智能化的实现依赖于算法,算法是计算机程序运行的一系列规则,作为构建平台的底层技术要素,定价算法、推荐算法等被广泛运用于电子商务、新闻媒体、交通、医疗等各领域。

人工智能研究在多个领域实现突破,数字经济进入以智能化为核心的发展阶段。其商业模式还主要集中在单一的弱人工智能应用上,包括语音识别、自动驾驶、机器人写稿、图像识别、医疗辅助等诸多领域,具有代表性的公司有谷歌、百度、阿里巴巴、苹果等。未来,智能化技术发展将对数字经济发展产生质变效应,推动人类生产生活方式的新变革。

利用共享时代的优势,加快传统企业的数字化转型,将是未来所有企业的核心战略,在共享时代利用个人、企业、政府甚至社会的闲置资源,依靠互联网、大数据、云计算等数字技术,推动传统企业向数字化转型发展。传统企业依靠"互联网+企业"的模式,应用数据化思维,建立连接内外资源、协作共享的机制,通过建立数字化的协同平台以及资源、财务、法务共享平台,实现互联互通,做到精细化管理,最终实现传统企业的智能化发展。

（三）平台化

互联网平台模式是数字经济的重要组织形式。平台是一种居中撮合、连接两个或多个群体的市场组织,其主要功能是促进不同群体之间的交互与匹配。平台具有跨界网络效应,即一个平台产品或服务对用户的价值取决于平台另一边用户的规模。依托"云网端"新基础设施,互联网平台创造了全新的商业环境。信息流不再被工业经济供应链体系中的巨头所阻隔,供应商和消费者的距离大大缩短,沟通成本大大降低,直接支撑了大规模协作的形成。

（四）共享化

首先,共享时代要求数字资源具有共享性。数字经济的一大发展方向应当是不断拓展数字信息资源，发展关于数字技术的集成、存储、分析以及交易业务，在共享时代下释放数字技术资源的新价值。其次，共享时代需要数字技术与产业融合发展，以便创造出更多的商业发展模式。数字技术与产业融合成为数字经济的重要发展方向，通过产业融合，实现产业数字化、智能化，产业的边界逐渐模糊，最终形成产业开放化发展以及产业间价值网络转型升级。最后，共享时代要求数字经济发展具有强大的服务功能，由此才能带动对共享商业模式的更多需求。融合服务业与数字技术发展的服务型数字产业是共享时代数字经济发展的重要方向，也体现出数字经济在共享时代的应用性，以数字技术为基础的数字金融、智能支付、智慧物流、智慧健康、电子商务、数字信息服务等服务型数字产业将在共享时代迅猛发展。

（五）跨界融合

随着数字经济的发展，跨界融合的特点日益突出。一是供给方和需求方的界限日益模糊，逐渐成为融合的"产销者"。在供给方面，企业可以通过大数据技术挖掘用户需求、分析用户的消费行为和习惯，有针对性地开发产品，如可以借助3D打印技术实现完全个性化的设计和生产。在需求方面，透明度增加、消费者参与和消费新模式的出现，使企业不得不改变原来的设计、推广和支付方式。二是人类社会网络世界和物理世界日益融合。随着数字技术的发展，网络世界不再仅仅是物理世界的虚拟映象，而是真正进化为人类社会的新天地，成为人类新的生存空间。同时，数字技术与物理世界的融合，也使得现实物理世界的发展速度向网络世界靠近，人类社会的发展速度将呈指数级增长。网络世界和物理世界融合主要是靠信息物理系统（CPS）上实现的。该系统包含了无处不在的环境感知、嵌入式系统、网络通信和网络控制等系统工程，使我们身边的各种物体具有计算、通信、精确控制、远程协助和自组织功能，使计算能力与物理系统紧密结合与协调，同时，随着人工智能，VR（虚拟现实）、AR（增强现实）等技术的发展，推进物理世界、网络世界和人类社会之间的界限逐渐消失，构成一个互联互通的新世界。

三、中国发展数字经济的重要意义

（一）中国发展数字经济的背景

数字经济是新一代信息技术与实体经济深度融合产生的新经济形态。在经济全球化和信息化的大格局下，我国数字经济蓬勃发展。数字经济是一场由信息技术和通信网络不断创新主导的经济革命，它蕴含着特有的经济形态，正在成为培育经济增长新动能、提升传统动能的重要途径。中国在数字经济方面发展非常迅速。

数字经济特别是信息化时代所涌现的新领域、新技术、新业态、新产品、新服务，已经成为驱动和引领经济高质量发展的新动力。

（二）中国发展数字经济的优势

经过发展，我国发展数字经济所依托的基础软硬件技术和产业取得了较大进展。中国发展数字经济的独特优势突出表现在三个方面：人口优势、后发优势和制度优势。

1. 网民优势孕育了中国数字经济的巨大潜能

（1）网民大国红利日渐显现，使得数字经济体量巨大

中国的网民规模却逐年攀升，互联网普及率稳健增长，网民大国红利开始显现。正是有了如此庞大的网民数量，才造就了中国数字经济的巨大体量和发展潜力。

（2）信息技术赋能效应显现，使得数字经济空间无限

信息基础设施和信息产品迅速发展，信息技术的赋能效应逐步显现，为数字经济带来无限创新空间。以互联网为基础的数字经济，解决了信息不对称的问题，边远地区的人们和弱势群体通过互联网、电子商务就可以了解市场信息，学习新技术、新知识，实现创新、创业，获得全新的上升通道。基于互联网的分享经济还可以将海量的碎片化资源（如土地、房屋、产品、劳力、知识、时间、设备、生产能力等）整合起来，满足多样化、个性化的社会需求，使得全社会的资源配置能力和效率都得到大幅提升。当每一个网民的消费能力、供给能力、创新能力都进一步提升并发挥作用时，数字经济将迎来真正的春天。

（3）应用创新驱动，使得人口优势有效发挥

当前，数字经济发展已从技术创新驱动向应用创新驱动转变，中国的网民优势就显得格外重要。庞大的网民和手机用户群体，使得中国数字经济在众多领域都可以轻易在全球排名中拔得头筹。百度、阿里巴巴、腾讯、京东跻身全球互联网企业市值排行榜，有足够的经验供互联网创业公司借鉴。

2. 后发优势为数字经济提供了跨越式发展的特殊机遇

（1）信息技术应用正在经历跨越式发展

中国数字经济的发展是在工业化任务没有完成的基础上开始的，工业化尚不成熟降低了数字经济发展的路径依赖与制度锁定。工业化积累的矛盾和问题要用工业化的办法去解决，这十分困难也费时较长，但有了信息革命和数字经济就不一样了。中国的网络购物、网络约租车、分享式医疗等很多领域能够实现快速发展，甚至领先于许多欧美国家，在很大程度上也是由于这些领域的工业化任务还没有完成，矛盾突出，痛点多，迫切需要数字经济发展提供新的解决方案，在制造业

领域，工业机器人、3D打印机等新装备、新技术在以长三角、珠三角等为主的中国制造业核心区域的应用明显加快，大数据、云计算、物联网等新的配套技术和生产方式开始得到大规模应用。多数企业还没有达到工业2.0、工业3.0水平就迎来了以智能制造为核心的工业4.0时代。可以说，数字经济为中国加速完成工业化任务、实现"弯道超车"创造了条件。

（2）农村现代化跨越式发展趋势明显

农村电商的快速发展和"淘宝村"的崛起，吸引了大量的农民和大学生返乡创业，人口的回流与聚集也在拉动农村生活服务水平的提升和改善，释放的数字红利也为当地发展提供了内生动力；现在，网购网销在越来越多的农村地区成为家常便饭，网上学习、手机订票、远程医疗服务纷至沓来，农民们开始享受到前所未有的实惠和便利。

3. 制度优势为数字经济发展提供了强有力保障

中国发展数字经济的制度优势在于强有力的政治保障、战略规划、政策体系、统筹协调和组织动员。这为数字经济的发展创造了适宜的环境，带动整个中国经济社会向数字经济转变。

（1）组织领导体系基本健全提供了政治保障

建设网络强国、发展数字经济已形成全国共识。各级领导和政府部门对信息化的高度重视，为数字经济的发展提供了重要的政治保障。

（2）制定形成了较为完整的政策体系

各部门各地区也纷纷制定出台了相应的行动计划和保障政策。中国信息化政策体系在全球也可以称得上是最健全的，也体现出国家对发展数字经济的决心之大、信心之足和期望之高。更为重要的是，中国制度优势有利于凝聚全国共识，使政策迅速落地生根，形成自上而下与自下而上推动数字经济发展的大国合力。

（三）中国发展数字经济的必要性

当前，数字经济正成为我国经济发展的重要驱动力量。我国数字经济发展已步入黄金期，发展数字经济对适应和引领经济发展新常态、中国转型发展、贯彻落实新发展理念、培育新的经济增长点具有重要的促进作用，同时也是落实网络强国战略的重要内容。

1. 中国发展数字经济是贯彻新发展理念的集中体现

数字经济本身是新技术革命的产物，是新的经济形态、新的资源配置方式和新的发展理念，集中体现了创新的内在要求。数字经济减少了信息流动障碍，加速了要素流动，提高了供需匹配效率，有助于实现经济与社会、区域之间的协调发展。数字经济能够极大地提升资源的利用率，是绿色发展的最佳体现。数字经济最大的特点就是基于互联网，而互联网的特性是开放共享。数字经济是推动高质量发展的重要支撑，数字经济的发展以数据作为关键生产要素，将有效驱动劳动力、资本、土地、技术、管理等要素实现网络化共享、集约化整合、协作化开发和高效化利用。贯彻新发展理念，建设现代化经济体系。我国经济已由高速增长阶段转向高质量发展阶段。推动互联网、大数据、人工智能和实体经济深度融合，大力发展数字经济，是加快新旧动能转换、建设现代化经济体系，推动高质量发展的重要举措。

2. 数字经济是构建信息时代国家竞争新优势的重要先导力量

随着数字经济的发展，信息时代的核心竞争能力表现为一个国家和地区的数字能力、信息能力和网络能力。中国发展数字经济有着自身独特优势和有利条件，在多数领域已形成与先行国家同台竞争、同步领跑的局面，未来在更多的领域都将有领先发展的巨大潜力。当前，欧美国家都将发展数字经济提升到国家战略高度，面对新一轮互联网信息化革命浪潮，我国政府也根据基本国情和整体需要，提出"网络强国"的发展战略，积极推进"数字中国"建设，从而使得数字经济上升到国家战略层面。数字化工具、数字化生产、数字化产品等数字经济形态快速崛起，成为新常态下我国经济结构转型升级和经济发展的新动能。数字经济是经济一体化的重大机遇，随着世界经济结构经历深刻调整，许多国家都在寻找新的经济增长点，以期在未来发展中继续保持竞争优势，更有效地提高资源利用效率和劳动生产率。全球范围内，数字经济对全球经济增长的引领带动作用不断显现。发展数字经济已在国际社会凝聚了广泛共识，为促进加深各国务实合作，构建以合作共赢为核心的新型国际关系提供了重大机遇。

3. 发展数字经济是推进供给侧结构性改革的重要抓手

以新一代信息技术与制造技术深度融合为特征的智能制造模式，正在引发新一轮制造业变革，数字化、虚拟化、智能化技术将贯穿产品的全生命周期，柔性化、网络化、个性化生产将成为制造模式的新趋势，全球化、服务化、平台化将成为产业组织的新方式。数字经济在农业领域中不断引领农业现代化，开启数字农业、智慧农业等农业发展新模式。在服务业领域，数字经济的影响与作用已经很好地体现出来，电子商务、互联网金融、网络教育、远程医疗、网约车以及在线娱乐等已经使人们的生产生活发生了极大改变。

中国产业高质量发展亟须由要素驱动转向创新驱动，加快数字化转型是必然选择。随着全球信息化步入全面渗透、跨界融合、加速创新、引领发展的新阶段，我国也借势深度布局,大力推动数字经济的发展。中国特色社会主义已经进入新时代,中国经济已由高速增长阶段转向高质量发展阶段。推动数字经济蓬勃发展,对于拓宽我国经济发展空间、培育发展新动能、满足人民日益增长的美好生活需要,都具有极为重要的意义。

第二节　数字经济的基本原理

一、产业革命推动技术经济范式变革

所谓技术经济范式,是用来描述技术广泛渗透和应用于经济系统后,对微观企业和宏观产业产生的影响。数字技术经济范式使社会发生了本质的变化,对经济产生了重塑作用,带动人类社会从工业经济进入数字经济。

第一,重塑生产方式。数据成为最重要的经济要素,数字信号较模拟信号更加清晰、逼真、成本低,为信息的创造、传输和使用创造更加有利的时间和空间条件,实现人类社会从原子到比特的进阶。

第二,重塑消费模式。数字技术的广泛应用改变着人们的社交方式、娱乐方式、通信方式和工作方式,数字技术的强大整合性,使得社会经济活动依赖数字技术完成。

第三,重塑产业组织方式。一方面,数字技术经济范式催生了新的产业——数字经济的基础产业,即实现了数字经济基础产业化;另一方面,数字技术经济范式改造传统技术和产业,实现产业数字化,带动并释放了传统产业的动能倍增效应。

第四,重塑技术创新模式。新技术即数字技术成为经济的通用技术,具有强烈的渗透性和网络化特征。创新周期不断加快,创新形式不断丰富。

二、数字经济的供给侧特征

(一)数据成为关键生产要素

1. 数据要素的概念

要区分"大数据"与"数据要素"两个概念的差异。"大数据"具有 4V 的特点:数据量大、种类繁多、时效高和价值低。这些特点决定了数字经济时代中的数据就像大海一样广阔无垠,且大多难以直接利用。因此,开启数字经济时代的关键点之一,就是如何寻找有价值的数据资源以及如何挖掘其潜在的商业价值。

数字经济时代将大量的数据经过提取、加工、归纳、提炼之后具有某种应用价值，能够用于指导实践或商业化创新的信息或知识，可以称为"数据要素"。

人类社会进入信息化时代之后，先后经历了信息经济、网络经济和数字经济三个阶段。伴随着实践的进步，人们对于数据、信息和知识的认识也逐步深化。

（1）数据、信息和知识

所谓数据，是指一系列非随机的符号组，代表了观察、测量或事实的记录，往往采取文本、声音或图像等形式。数据本身没有意义，但它是信息的原始资料，即数据可以通过有目的性的加工处理成信息。

所谓信息，是指已被处理成某种形式的数据，这种形式对接受者具有意义，并在当前或未来的行动或决策中，具有实际的、可觉察到的价值。

所谓知识，是指人类对物质世界以及精神世界探索结果的综合，是系统化、理论化、科学化和专门化的认知结论。"4W"知识分类体系：知道是什么（know-what），指关于事实方面的知识；知道为什么（know-why），指原理和规律方面的知识；知道怎么做（know-how），指操作的能力，包括技术、技能、技巧和诀窍等；知道是谁（know-who），包括特定关系的形成，以便可能接触有关专家，并有效地利用他们的知识，也就是关于管理的知识和能力。其中，后两种知识被称为"默会知识"或"隐性知识"，因为相比于前两种，它们更难进行编码和测度，默会知识一般通过技巧、诀窍、个人经验、技能等实践渠道获得。知识可以看作构成人类智慧的最根本的因素。

信息与知识在本质上是有区别的。信息能够很容易地被编码和传递，而知识往往比较模糊，难于编码化。知识作为人的认知能力的基础，实质上贯穿于每一个过程，包括把数据序化、整合、加工成信息，选择吸收有用的信息，或者将信息翻译成有用的知识等，这些都是一个个复杂的认知过程。只有当一个人知道如何使用信息，知道信息的含义、局限性和如何用它来创造价值的时候，才有所谓的新知识。知识与信息之间的关系是互动的，知识的产生依赖于信息，而相关信息的开发又需要知识的应用。应用信息的工具和方法也影响着知识的创造。相同的信息可以转化为不同种类的知识，这取决于分析的类型和目的。

以上四个基本转化过程可以视具体情况组合成简单或复杂的形式，用来详细描述知识（信息）的生产过程，即"数据-信息-知识-创新"过程。

（2）大数据与数据要素

我们正处于一个信息大爆炸时代，由互联网、物联网、移动终端所产生的海量数据已经超过了人类之前所产生的数据之和。这些具有碎片化和非结构特征的海量数据并不完全有利用价值，需要对其进行搜集、加工、整理、分析和挖掘。经过处理后的数据便成为数据要素，进而成为重要的资源或产品。

从要素的价值属性上来看，将"大数据"本身作为一种新的生产要素是不合理的，应当将"数据要素"作为新的生产要素。二者的区别在于：大数据是对社会生产、消费或生活的电子化原始记录，由移动互联网或物联网上的各个终端生产出来，总量增长迅速，数据种类繁多，时效性很高，大多不能直接利用，价值密度较低；当使用一定数字技术在较短时间内对大量电子化数据进行搜集、加工、整理、归纳和提炼以后，形成格式规范相对统一、价值密度相对较高的信息或知识的时候，可以称为"数据要素"。数据要素可以被用来指导某一领域的实践或者用于进行商业化创新。考虑到不论是信息还是知识，都具有一定的价值属性，因此在后文的分析中将统称为"数据要素"。

2. 数据要素是一种高级生产要素

大数据时代数据规模呈指数式增长，其总量将趋近于无穷大，数据生产的边际成本为零或者趋近于零，也就是说数据是非稀缺资源。但实际上，这种观点并不准确，因为混淆了大数据和数据要素这两个概念。实际上，数字经济中人们关注的并不是杂乱无章、没有利用价值的海量数据，而是从海量数据中提取的规律性、启示性或预测性的信息或知识，这正是我们所指的"数据要素"的含义。

生产要素是经济学中的一个基本范畴，是指进行社会生产经营活动时所需要的各种社会资源，是维系国民经济运行及市场主体生产经营过程所必须具备的基本因素。生产要素分为初级生产要素和高级生产要素。初级生产要素是指土地、自然资源、非技术工人等，仅需要继承或者简单的投资就可以获得；高级生产要素包括高技术人才、资本、技术等，需要在人力、资本和技术上先期大量和持续的积累才能获得。所谓高级生产要素，是指一个经济体需要经过多年积累才能够实现的、具有更高生产效率的投入要素。自然资源和简单劳动力属于低级生产要素，因为其生产或开发并不需要很高的技术水平，容易被其他同类要素所替代，技术进步较慢，边际产出较低。而高级生产要素一般包括资本、高级劳动力、技术、卓越企业家等，其生产或开发需要耗费大量的人力、物力，且需要长期的积累才能实现，具有不易替代性、边际产出较高且容易发生效率改进。当一国的要素禀赋结构从初级要素转向高级要素，就能够建立起拥有更多话语权的竞争优势地位。

数据要素是一种高级的生产要素。随着多年信息化建设的深入推进以及移动互联网的迅猛发展，产生了源源不断的海量数据。特别是智能手机的出现，使得每个消费者都成了重要的数据生产者，而以智能手机为代表的智能终端所拥有的各种传感器便是新的数据源。智能手机等设备能够随时随地在需要的时候生成图像、视频、位置、健康等数据,而这些数据在 PC 时代只有靠专用设备才能生成。这样海量而杂乱无章的数据需要在很短的时间内搜集、整理、加工和利用,甚至创新,这需要耗费大量的高级人力要素和资本要素。不同类型的数据要素可能有所差异,专用性较强的数据要素边际生产成本可能相对较高;而通用性较强的数据要素初始成本相对较高,而边际成本则相对较低。同时,数据要素的供给并不是无限的,受高级人力要素的制约,大数据中蕴含的信息和知识的挖掘工作仍然是有限的,而这也造成了目前诸多行业对大数据领域高级人才的需求非常旺盛,"知识付费"也逐渐成为网络主流。

通过技术革命所带来的信息流动和处理方式的根本变化,在信息的传递与处理方面极大地降低了成本且提高了效率,使得人类历史性地在极大程度上克服了信息传递与处理能力资源的稀缺性限制,同时也使得这种资源稀缺性更集中地体现在人类自身的有限理性层面。

(二)数据要素的使用价值

数字经济通过以下四种路径对经济发展产生影响:第一,数据要素作为一种高级生产要素,具备生产性和稀缺性两个特征,当其进入生产函数之后,通过改变资本和劳动的投入结构实现成本节约,从而提升企业的产出效率;第二,信息不对称会对经济效率和竞争产生负面影响,数据要素通过降低搜寻成本缓解不完全信息问题;第三,数字产品的成本结构决定了其具有显著的规模经济特征,随着数字企业从初创期进入扩张期,对规模经济的追求将重塑企业竞争格局和产业组织形态;第四,与传统时代相比,数字技术创新周期加快,一方面通过技术创新提升了全要素生产率,另一方面通过刺激多样化、个性化的需求提升了消费水平。

1. 数据要素能够缓解不完全信息问题

受限于工业时代网络空间的发展程度,经济行为主体对经济系统内各类信息的搜集、整合、分类、加工和处理的能力相对有限。在数字经济时代,大数据、云计算和人工智能技术的发展大大拓展了经济行为主体获取信息的能力。一个基本的观点是线上搜寻成本低于线下搜寻成本,这是因为线上更容易搜寻和比较潜在的交易信息。数字技术带来了搜寻成本降低对价格及价格离散度、产品种类、市场匹配、平台商业和组织结构的影响。

数据的产生源自网络空间对物理和社会空间内各种关系的映射。在工业化时代,受信息技术水平的制约,网络空间和物理空间的映射关系相对松散。在数字经济条件下,通过机器学习和数据挖掘等手段,经济行为主体不仅能够获取正在发生事件的数据，其在一定程度上还能对将要发生的事件进行预测。同时，经济行为主体可获得数据的维度也在不断丰富，不仅包含数字化数据，还包含大量非数字化数据（图片、图书、图纸、视频、声音、指纹、影像等）。总之，网络空间的发展和相应技术手段的进步在一定程度上消除了经济系统内信息的不完全性，使生产和服务的供求信息更加精确化，从而为网络化和生态化的创新组织方式变革奠定了基础。

一般假定决策者拥有完全信息，并由此作出生产或消费决策。但现实生活并非如此，决策者在进行任何决策的时候都面临着不完全信息的困境，以及由此带来的决策结果不确定性。在数字经济出现之前，商业和金融决策者通常使用"满意和经验法则"进行决策；而随着数字技术的创新和应用，信息的匹配更为有效，虽然不可能完全消除不完全信息问题，但能够在一定程度上缓解这种困境。数据要素缓解信息不完全问题表现为以下两个方面。

（1）更有效地匹配消费者与供应商

在推销阶段，消费者数据库有利于精准定位目标群体和选择适宜广告模式。目前，大数据和云计算已经在部分具有相当实力的公司里发挥作用，如推荐系统、预测产品需求和价值等。企业同时可以访问消费者日常操作所形成的数据库，然后检查其有效性。虽然这还没有真正在实践中广泛推广，但依然为企业直接营销到下一个层次提供了机会，大大缩小了潜在消费者的范围，使企业变得有利可图。同时，当消费者在查询信息或是浏览网站、视频时，在主页面周边或是狭窄的缝隙里自动弹出消费者近段时间曾经搜索的相关信息的增值业务。例如，你曾经搜索过某一本书，则会有各种购书网站弹出广告以及相关的书籍信息。

在生产阶段，定制化服务有利于企业根据消费者偏好进行个性化生产。例如，通信业务的流量及通话套餐的选择，运营商不再强制消费者开通或购买所有业务，而是消费者根据自己的喜好和实际需求来选择定制业务，新的定价模式变得透明并能自由搭配，使得消费者满意度有所提高，运营商的竞争力也有所提升。企业与客户、合作伙伴在行业之间进行意见交换在极大程度上使消费者与供应商更加匹配。

在售后阶段，数字化资源库为供应商和消费者提供了有效的正反馈渠道。消费者可以很容易地通过点击鼠标或点击触摸屏访问海量信息和选择供应商，从而不再被迫支付他们不希望或者不需要的产品或服务，同时可以随时随地与其他消费者进行体验分享，供应商则可以通过跟踪消费者的体验通过返现、退换货等手段减少客户对产品的抵制情绪。

（2）更有效地匹配工作岗位

对优秀人才的需求竞争非常激烈，人才对于企业的价值体现在劳务输出创新能力以及人才吸引等方面。随着我国经济转型和产业升级，可以预料到人才的需求竞争将会愈加激烈。但随着互联网化程度的加深，信息资源可获取性加强，企业员工流动性明显加快，员工的平均任期不断下降。

在互联网时代，人才和雇主的关系悄然发生变化，雇主和员工之间从商业交易转变为互惠关系。员工对企业的诉求不仅仅停留在薪资水平这一单一指标，这就需要通过科学的人力资源分析，让企业找到"猎取、培养和留住人才"的解决方案。现在已经出现专业公司和专业软件使用数据处理技术进行企业人力资源管理，主要应用包括人员招聘、培训管理、绩效管理和薪酬管理四个方面。

2. 数据要素的低复制成本决定了规模经济属性

由于数据要素是以比特形式存在并在互联网终端设备上存储和传播，一件数字产品被生产出来后，便可以通过低成本或零成本复制而无限供给。这一特征决定了数字产品在消费中具有非竞争性，即不同的消费者可以同时使用该产品而相互不受影响。不同消费者可以突破时空的限制使用同一产品的前提是，该产品是在互联网上生产、消费的。

数字产品边际成本为零，但边际成本为零的简易微观经济模型与边际成本为正的模型并无太大的不同。数字产品与非数字产品最关键的区别是非竞争性，这意味着个体消费数字产品并不会减少其他人消费该产品的数量或质量，因为信息的分享并不会减少或损害初始信息。特别是在没有法律或技术限制排他性的情况下，任何人都能以零成本复制任何信息。

数字产品成本特征是研究与开发成本高、生产制造成本低，即高沉淀成本、低边际成本。数字产品多是知识、科技密集型产品，开发过程符合高科技产品的高投资、高风险的经济学原理。而且数字产品的固定成本大多属于沉没成本，若停止生产，前期投入的人力、物力、财力等固定成本将无法收回，不像传统产品那样，停止生产后可以通过折旧等方式挽回部分成本。数字产品的可变成本，也有不同于传统产品的独特性。与此相反，数字产品的生产没有容量限制，即无论生产多少个副本，其成本也不会增加。中国国民经济分类中还没有单独划分出数字内容产业，其相关内容分散在"电信和其他信息传输服务业，新闻出版业，广播、电视、电影和音像业，文化艺术业"等相关行业中。数字内容产品可以很容易地进行复制和传播，这就导致更多的用户可以通过比较低廉的成本获取产品，规模经济非常明显。

3. 数据要素的知识密集型特征有利于刺激创新

数据要素可被看作是一种知识密集型的产品，它可作为投入以创新的形式增加产出。创新涉及的是新的活动，但对信息的应用具有很强的不确定性。创新最初都发生于个人的大脑之中，依赖的是对信息的综合和解释，使其符合现有的认知世界。所有解决问题的活动都是用认知模式来评估什么信息是有价值的，都以有用的方式来组织信息。理解和整理新信息的过程要求我们将新信息转化成与个人有关的东西。作为一个既是认知性也是社会性的过程，创新需要知识、信息以及认知模式之间进行复杂的互动，在一个设想发展成为一种创新的过程中不断探讨、澄清和重新构思。

数据要素在产生的同时，一方面满足了消费者的消费需求，另一方面也催生了更多产品和服务的出现。位于生产端的数据从主要用于记录和查看，逐渐成为流程优化、工艺优化的重要依据，进而在产品设计、服务交付等各个方面发挥着愈发重要的作用。对智能产品和服务而言，从供应链到智能制造再到最终交付用户，所有环节都可以基于数据分析的结果实现价值链整合和系统优化的目的。

三、数字经济的需求侧特征

数字经济的一个重要特征就是网络化——经济以网络的形式组织起来。不管是有形的还是虚拟的网络，都具有一个基本的经济特征：连接到一个网络上的价值取决于已经连接到该网络的其他人的数量，即只要是网络，就要受到所谓"网络外部性"（也称为"网络效应"）现象的支配。网络外部性并不是数字经济所独有的特征。有形的网络（如相互兼容的通信网络）或虚拟的网络（如一种产品的销售网络）都或多或少存在着网络外部性。但是在互联网广泛普及以后，尤其是5G时代来临之后，经济网络内的信息流动达到了前所未有的速度，生产、交换、分配和消费都与智能化的数字网络息息相关，这就使得网络外部性表现得愈发强烈。

（一）经济学关于外部性的解释

经济学中，外部性概念通常指当生产或消费对其他人产生附带的成本或效益时，外部经济效应就发生了；就是说，成本或效益被加于其他人身上，然而施加这种影响的人却没有为此付出代价。更确切地说，外部经济效果是一个理性人的行为对另一个人所产生的效果，而这种效果并没有从货币或市场交易中反映出来。从外部性的产生领域来看，外部性可以分为生产的外部性（由生产活动所导致的外部性）和消费的外部性（由消费行为所带来的外部性）；从外部性的效果来看，外部性包括负外部性和正外部性。

外部性是"市场失灵"的主要表现之一。一个有效的市场制度要发挥其经济效率,一切影响都必须通过市场价格的变动来传递。一些人的行为影响他人的福利,只要这种影响是通过价格传递的,即这种影响反映在市场价格里,就不会对经济效率产生不良的作用。然而,如果一个人的行为影响了他人的福利而相应的成本收益没有反映到市场价格中,就出现了外部性。外部性可以是正的,也可以是负的。

如果所有的行为都能反映在价格里,就意味着私人的成本收益与社会的成本收益是一致的,市场制度会自动地使资源配置达到最优。外部性的存在意味着生产者面临的边际成本并不反映增加生产的所有社会成本,或者个人的消费边际收益并不等于社会收益。如果获得的收益并不完全归于直接生产者,或者如果私人生产成本没有反映总的社会成本,那么竞争性市场的选择可能不是社会的效率选择。虽然私人按照边际收益等于边际成本的原则来决策,但外部性的存在使这种决策对整个社会经济效率不利。那么,外部性是如何对资源配置产生错误的影响呢?外部性出现在一个行动如果给其他人带来附带的收益或损害,而并没有人因此对产生外部性的人进行相应的支付或赔偿,由此产生价格系统对资源的错误配置。外部性产生效率问题是因为外部成本或收益通常不将引起外部效应的消费者或生产者考虑进去。如果某种活动产生了负的外部性,那么生产者和消费者就会低估该活动的社会成本,并且按照社会观,如果消费和生产给那些没有考虑进去的人产生收益,消费者或者生产者因此低估了社会收益,那么,那种经济活动的选择就会太少。

首先,无论是正的外部性还是负的外部性,由于其不通过市场价格,都会造成私人收益或成本与社会收益或成本的不一致,从而破坏市场应有的效率,造成资源配置的扭曲。其次,外部性作为市场失灵的主要表现之一,无法完全通过市场手段来使之内部化,必须借助市场之外的力量(政府、法律、道德)解决外部性问题。

(二)网络外部性

1. 网络外部性的定义和分类

(1)网络外部性的定义

随着信息化时代的到来,数字产品所表现的网络外部性更多地表现为是消费的正外部性。消费者在选择购买或消费某种数字产品时,不仅考虑该产品本身的效应(比如:功能强大、操作便捷、价格低廉等),更考虑到未来可能实现共享信息的用户数量和适用范围。数字产品的这个特性集中表现为用户购买行为的"从众效应"或"追赶潮流",消费者会倾向于购买那些已经被广泛采用的标准化或普及化的产品。例如高德地图的使用者越多,每个使用者的轨迹和坐标被记录的数据也就越多,基于这些位置大数据所开发出来的数字产品的价值含量就越高、功能也就越强大,就会吸引更多的消费者来使用其数字产品。这就是所谓的网络外部性,是数字产品表现的重要微观经济特性之一。

数字产品网络外部性的出现对于产品价值的认识提出了新的挑战,产生了重要影响。数字产品的价值已不再集聚于产品本身所具有的属性,而是外延至整个产品网络。

(2)网络外部性的分类

网络外部性分为直接网络外部性和间接网络外部性。直接网络外部性是指由于消费相同产品的市场主体的数量增加后通过正反馈效应放大了数字产品的使用价值。即由于消费者对数字产品的需求存在相互依赖的特征,消费者获得产品的效用随着购买相同产品的其他消费者数量的增加而增加。直接网络外部性的基础是梅特卡夫法则;而间接网络外部性则是指市场中介效应,即通过对互补产品种类、数量、价格的影响,而对原有产品用户产生的外部性,其本质是一种范围经济。间接网络互补性产生的主要原因是产品自身的互补性,基础产品的消费者越多,则对互补性的辅助产品需求就越大。例如,即时通信工具微信的消费者之所以选择微信而不是其他的通信工具,除了微信本身的功能强大之外,一个主要的原因是自己的亲朋好友也都选择了微信作为通信工具,这样大家交流起来就很便利,这就是梅特卡夫法则所导致的直接网络外部性;而微信的使用者中有相当的一部分人会使用微信支付、微信理财或微信借贷等其他辅助产品,微信的使用者越多,其辅助产品的使用者相对也会越多,这就是所谓的间接网络外部性。

2. 梅特卡夫法则

梅特卡夫法则是一种网络技术发展规律,是由 3Com 公司的创始人、计算机网络先驱罗伯特·梅特卡夫(Robert Metcalfe)提出的。

梅特卡夫法则,是指网络的价值会随着网络里节点数目的乘方而增加,其核心思想可以说是"物以多为贵"。

梅特卡夫定律不仅适用于电话、传真等传统的通信网络,也同样适用于具有双向传输特点的像 Internet 这样的虚拟网络世界。网络的用户越多,信息资源就可以在更大范围的用户之间进行交流和共享,这不仅可以增加信息本身的价值,而且提高了所有网络用户的效用。另外,由于网络经济条件下,信息技术和信息系统的不完全兼容性及由此带来的操作、使用知识的重新培训等造成的转移成本,用户往往被锁定在一个既定的用户网络内，从而保证了这一网络的一定规模。网络内的用户则由于信息产品的相互兼容性，彼此之间的文件交换和信息共享就成为可能。而网络用户数量的增加就使得用户之间信息的传递和共享更为便捷，网络的总效用增加且同样以用户平方数量的速度增长，这恰恰符合梅特卡夫定律。总而言之，梅特卡夫法则概括的就是连接到一个网络的价值，取决于已经连接到该网络的其他人的数量这一基本的价值定理，这即经济学中所称的"网络效应"或"网络外部性"。

梅特卡夫法则决定了新科技推广的速度，这是一条关于网上资源的定律。使用网络的人越多，数字产品的价值就越大，也越能吸引更多的人来使用，最终提高数字产品的总价值。当一个数字产品已经建立起必要的用户规模，它的价值就会呈爆发性增长。一个新产品多快才能达到必要的用户规模，这取决于用户进入网络的代价，代价越低，达到必要用户规模的速度也越快。一旦形成必要的用户规模，新产品的开发者在理论上可以提高对用户的价格，因为这个新产品的应用价值比以前增加了，进而衍生为某项商业产品的价值随使用人数而增加的定律。从总体上看，消费方面存在着效用递增——即需求创造了新的需求。

信息资源的奇特性不仅在于它是可以被无损耗地消费的，而且信息的消费过程可能同时就是信息的生产过程。数字经济时代，网络消费者在消费数据要素的同时，可以催生出更多的知识和感受，同时其行为活动也被记录下来成为大数据的一部分。互联网的威力不仅在于它能使信息的消费者数量增加到最大限度，更在于它是一种传播与反馈同时进行的交互性媒介，即网络具有极强的外部性和正反馈性。所以梅特卡夫断定，随着上网人数的增长，网上资源将呈几何级数增长。

四、数字经济下供求互动重塑竞争优势

在全球信息化快速发展的大背景下，大数据已成为国家重要的基础性战略资源，数字技术成为国家之间竞争的新领域，数字经济的迅猛发展正在重塑国际竞争的新格局。

（一）数字经济下供给与需求的互动机制

1. 数字经济时代生产与消费的同一性

马克思首先讨论了"生产、消费、分配、交换"，把消费摆在了生产的后面。生产表现为起点，消费表现为终点，分配和交换表现为中间环节，消费这个不仅被看成终点而且被看成最后目的的结束行为，除了它又会反过来作用于起点并重新引起整个过程之外，本来不属于经济学的范围。这清楚地表明了三个要点：消

费是生产的最终目的；消费是社会生产的终点和社会再生产的起点；作为社会生产和再生产环节的消费，是经济学所必须予以讨论的。

数字经济中仍然具有极强的生命力，具体包括以下几点。

（1）数字消费是数字生产中创新的动力来源

"消费与生产的同一性"说明，消费为生产创造了内在的对象、目的的需要。经济现实中，有的产业、产品因为消费萎缩而萎缩，或因消费的推动而出现、成长和兴盛。一个国家、一个地区的产业结构和产品结构会随着社会消费趋势的变化而变化，消费引领产业创新。个人消费者希望能够更加快速、精准地找到自己需要的商品，大数据精准营销便产生了；企业需要能够更加快速地筛选出能干、忠诚、合适的员工，大数据人力资源管理便应运而生；老百姓出行希望能够提早了解前方的各种路况并提前做好路线计划，智慧交通系统出现了并不断完善；当数据量越来越大而超过了一般企业的储存和处理能力的时候，云计算便诞生了。不仅如此，在数字经济时代，新产品的创新周期和生命周期都大大加快，各种类型的创新层出不穷，但无论哪一种，都是为了更加有效地解决某种消费需求的问题。

（2）数字消费和数字生产相互渗透

数字经济时代，数字消费和数字生产呈现"你中有我，我中有你"的关系。

一方面，数字生产要从市场的数字消费需求出发。大数据时代中数字的生产大体分为两个阶段：大数据的生产阶段和数据要素的生产、应用阶段。在第一阶段，大量社会主体的行为信息被记录下来，这些大数据本身并没有什么价值；在第二阶段，数据要素的生产主体会根据社会需求对大数据进行搜集、筛选、处理和加工形成数据要素，再加以应用或创新之后形成数字产品。这些数字产品的生产是以消费为目的，并通过消费才得以实现价值。

另一方面，消费者在消费的过程中也在生产着大量的数据。目前的信息技术条件下，无数的终端正在时时刻刻生成着天量的数据，包括移动互联网终端、物联网终端以及传统的PC端等，这些终端背后对应着某一个自然人或者机构、物体，它们的行为随时随地被记录并形成数据。这对应着数字经济生产的第一个阶段，也为数字经济生产的第二个阶段以及最终数字产品的形成提供了最基本的数据来源。

2. 消费和生产的良性互动推动数字经济快速扩张

生产与消费之间存在着矛盾。市场经济条件下，生产与消费矛盾的主要方面在于生产。在传统经济时期，企业不断扩大规模生产更多标准化产品的做法无法满足消费者日益增长的对个性化、差异化产品的需求。进入数字经济时代，借助于高速运转的网络和数据处理系统,定制化生产逐渐成为主流,这一方面满足了消费者对个性化、差异化产品的需求,另一方面也能够使企业实现规模化运营,获得更高的利润。不仅如此,结合梅特卡夫法则可知,随着用户规模的增长,企业生产的数字产品价值将以指数式增长,而产品数量和种类的增多又会反过来刺激消费需求,这种螺旋式的上升必将推动数字经济呈现出快速扩张的态势。

数字经济的特征之一就是平台化,生产者和消费者在互联网平台上进行价值互动。基于双边市场理论,平台中的消费者和生产者均能从对方数量和质量的增加中获益。这一效应被称为"交叉网络效应"。首先,平台化企业通过提供平台将消费者和其他生产者引入平台,实现用户价值的自我增值。平台提供者收取服务费。其次,平台具有部分市场特性,在平台内的生产者和消费者之间的协商成本并不需要由平台企业承担,降低了平台企业的管理成本和销售成本。最后,平台化企业在提供平台的同时,获取了大量关于生产者和消费者的数据,这些数据通过数字技术的挖掘处理,能够优化企业自身产品设计,最终提供更有竞争力的产品。

(二)网络正反馈与马太效应

任何个体、群体或地区,一旦在某个方面(如金钱、名誉、地位等)获得成功和进步,就会产生一种积累优势,就会有更多的机会取得更大的成功和进步。在网络经济中,共享程度越高,拥有的用户群体越大,其价值就越能得到最大程度的体现。网络的正外部性会产生正反馈,而正反馈使强者更强、弱者更弱,在最极端的情形下,正反馈可以导致赢家通吃的垄断市场,这就是所谓的"马太效应"。

信息化活动中优劣势强烈反差的马太效应,即正反馈效应,是指在信息活动中由于人们的心理反应和行为惯性,在一定条件下,优势或劣势一旦出现,就会不断加剧而自行强化,出现滚动的累积效果。因此,某个时间内往往会出现强者恒强、弱者恒弱的局面,甚至发生强者统赢、胜者统吃的现象。这种效应的产生是源于梅特卡夫定律,当其发展到极端情况下就会出现马太效应。马太效应的结果通常会导致数字产品的生产者市场出现寡头垄断或完全垄断的市场结构。

尽管网络外部性是网络经济中正反馈的主要原因,但网络外部性和正反馈是两个概念。首先,正反馈并不是一个网络经济下出现的新事物。事实上,在传统经济下,供给方规模经济所实现的收益递增也是正反馈的一种表现形式,但是由于基于供给方规模经济的正反馈具有自然限制(即边际收益递减和管理大组织的困难),使得基于制造业的传统规模经济通常在远远低于控制市场的水平就耗尽了,超过这一点正反馈就不再存在而是负反馈开始起主导作用,这种经济现实使得正反馈一直没有引起人们的关注。但是当人类社会发展到信息经济和网络经济时代，网络外部性广泛存在，基于市场需求方的规模经济在市场足够大的时候不会产生分散，再加上基于供给方的规模经济，导致在网络经济中，正反馈以一种更新的、更强烈的形式出现。其次，从网络外部性到正反馈，还需要其他的一些条件，如基于供给方的规模经济同样对网络正反馈的形成也起着重要的作用。

首先，需要成本优势。由于实现正反馈的前提条件是边际收益递增，这不仅需要网络外部性带来的需求方规模经济，还需要边际成本的降低，否则需求方规模经济带来的收益递增将可能被成本因素所抵消，导致规模经济不显著或不存在，从而无法实现正反馈过程。而数字产品正好具有特殊的成本结构：高固定成本，低边际成本。这意味着在这样的成本优势下，需求方规模经济不容易出现自然限制的问题，而可以实现正反馈过程。这正是网络经济中正反馈现象广泛存在的重要原因之一。其次，网络外部性要引发正反馈过程，必须达到一定的规模，就是我们通常所说的临界容量。网络外部性告诉我们，大网络的价值大于小网络的价值，但是，只有当网络达到某一个特定的规模，正反馈才开始发挥作用，从而实现强者恒强、弱者恒弱，否则依然无法实现正反馈。与网络规模相关的一个问题是市场对产品需求的多样性。即使在一个网络外部性很强，需求方规模经济程度很高的市场中，如果市场消费者对产品的需求是多样化的，这意味着一种产品可能难以达到引发正反馈的网络规模；相反，如果市场中产品的多样化程度较低，网络外部性引发正反馈的可能性就大些。路径依赖与转移成本：

1. 路径依赖

路径依赖是从其他学科"溢出"到经济学中的一个概念。在经济学中，经济学家们用路径依赖来表示即使在一个以资源抉择和个人利益最大化行为为特征的世界中，经济发展过程中的一个次要的或暂时的优势或是一个看似不相干的事件都可能对最终的市场资源配置产生重要而不可逆转的影响。路径依赖隐含两个重要特征：其一，历史的重要性。在经济学和其他的社会科学中，科学家们一直都承认历史是十分重要的。但是，对历史重要性的承认本身并不是路径依赖，而仅仅是路径依赖的前提条件之一。路径依赖所强调的一个观点是：我们目前的经济环境可能在很重要的程度上有赖于历史上的一些突然转折和偶发事件，即对这些事件的依赖性很可能是以一种非常任意的形式进行的。我们从历史所继承下来的现在或我们将建设的将来都可能不是来自那些重要的已知事物或是经济历史的不可避免的推动力量—而是可能来自那些如果我们意识到他们将会产生怎样的影响，我们就可能轻易改变的小事物。也就是说，当历史上的一些令人意想不到的事件以一种令人意想不到的方式影响、决定并控制了历史的发展时，就产生了路径依赖。其二，不可逆转的选择。很显然，如果路径的选择是可以很轻易地发生改变，那么就不称其为"路径依赖"了。因此，在经济学关于路径依赖的讨论中，都或明示或暗示地表达其与选择的不可逆转相联系。实际上，这里的不可逆转就是我们所讨论的"锁定"。因此，路径依赖概念的一个关键判定就是具有"被历史事件锁定"的特征，尤其当这些历史事件并不重要时路径依赖的特点就更为显著。

2. 转移成本

锁定是指由于各种原因，导致从一个系统（可能是一种技术、产品或是标准）转换到另一个系统的转移成本高到转移不经济，从而使得经济系统达到某个状态之后就很难退出，系统逐渐适应和强化这种状态，从而形成一种"选择优势"把系统锁定在这个均衡状态。要使系统从这个状态退出，转移到新的均衡状态，就要看系统的转移成本是否能够小于转移收益。

转移成本显然是和锁定相联系的一个概念。转移成本实际上是对路径依赖程度和锁定程度的衡量。当产品和技术的标准化还不健全的时候（或者说系统之间不兼容），消费者和厂商如果自愿从一个网络转移到另一个网络，他们将不得不面临诸多障碍，正是转移成本造成了这种障碍，它阻止了市场主体进入另一个网络。转移成本具体来说可分为两类，即私人和社会转移成本。私人转移成本，包括在最初采用的技术中所含的沉没投资、转向用新网络所需要的支出。社会转移成本则需要把市场主体当前正在享有的网络效应与预期从转移中可以获得的潜在的网络效应进行对比。转移成本把不对称的价格强加于具有沉没投资的用户和在现有技术中没有沉没投资的用户之间。当转移成本高于收益时，转移是不经济的，这时就将出现对现有系统的锁定和路径依赖。

在网络经济中，锁定和转移成本是"规律，而不是例外"。有关锁定的例子随处可见，比如，当一个 DOS 用户考虑转而使用另外一种操作系统时，则该用户必须考虑以下问题：应用于新操作系统中的软件的多样性及有效性，转化文件、工作表格和数据库格式将产生多大的影响等等诸如此类的问题。所以一旦用户选择用某种技术或格式存储信息，转移成本将会非常高。我们中的大部分人都体验过从一种电脑软件转移到另一种电脑软件的代价：数据文件很可能不能完好地转换，出现与其他工具的不兼容。

第二章　数字经济发展的战略决策

第一节　基础建设战略决策

我国要推动数字经济发展，首先要解决的问题是如何从国家和政府层面采取积极的战略行动保障数字经济加快发展。

一、加快企业和市场的数字化基础建设

因为信息化是数字经济发展的基础，大数据是数字经济发展的新平台、新手段和新途径，所以深入推进国家信息化战略和国家大数据战略，是加快数字经济时代企业和市场数字化基础建设的前提，是从国家和政府层面解决数字经济发展"最先一公里"的问题。

（一）深入推进国家信息化战略

当今世界，信息技术创新日新月异，以数字化、网络化、智能化为特征的信息化浪潮蓬勃兴起。全球信息化进入全面渗透、跨界融合、加速创新、引领发展的新阶段。在信息化上占据制高点，便能掌握先机、赢得优势、赢得安全、赢得未来。

（二）加快国家大数据发展速度

云计算、大数据、移动互联网、物联网和人工智能的出现，推动了第二次信息革命——数据革命，此时期，大数据的迅速发展起到了更为关键的作用。

信息技术与经济社会的交会融合引发了数据的迅猛增长，数据已成为国家基础性战略资源，大数据正日益对全球生产、流通、分配、消费活动以及经济运行机制、社会生活方式和国家治理能力产生重要影响。尽管我国在大数据发展和应用方面已具备一定基础，拥有市场优势和发展潜力，但也存在政府数据开放共享不足、产业基础薄弱、缺乏顶层设计和统筹规划、法律法规建设滞后、创新应用领域不广等等亟待解决的问题。

1. 大数据发展形势及重要意义

我国互联网、移动互联网用户规模居全球第一,拥有丰富的数据资源和应用市场优势,大数据部分关键技术研发取得突破,涌现出一批互联网创新企业和创新应用,一些地方政府已启动大数据相关工作。坚持创新驱动发展,加快大数据部署,深化大数据应用,已成为稳增长、促改革、调结构、惠民生和推动政府治理能力现代化的内在需要和必然选择。

(1)大数据成为推动经济转型发展的新动力

以数据流引领技术流、物质流、资金流、人才流,将深刻影响社会分工协作的组织模式,促进生产组织方式的集约和创新。大数据推动社会生产要素的网络化共享、集约化整合、协作化开发和高效化利用,改变了传统的生产方式和经济运行机制。大数据持续激发商业模式创新,不断催生新业态,已成为互联网等新兴领域促进业务创新增值、提升企业核心价值的重要驱动力。大数据产业正在成为新的经济增长点,将对未来信息产业格局产生重要影响。

(2)大数据成为重塑国家竞争优势的新机遇

在全球信息化快速发展的大背景下,大数据已成为国家重要的基础性战略资源,正引领新一轮科技创新。充分利用我国的数据规模优势,实现数据规模、质量和应用水平同步提升,发掘和释放数据资源的潜在价值,有利于更好地发挥数据资源的战略作用,增强网络空间数据主权保护能力,维护国家安全,有效提升国家竞争力。

(3)大数据成为提升政府治理能力的新途径

大数据应用能够揭示传统技术方式难以展现的关联关系,推动政府数据开放共享,促进社会事业数据融合和资源整合,将极大地提升政府整体数据分析能力,为有效处理复杂社会问题提供新的手段。建立"用数据说话、用数据决策、用数据管理、用数据创新"的管理机制,实现基于数据的科学决策,将推动政府管理理念和社会治理模式进步,加快建设与社会主义市场经济体制和中国特色社会主义发展相适应的法治政府、创新政府、廉洁政府和服务型政府,逐步实现政府治理能力现代化。

2. 大数据与信息化、数字经济关系

信息技术与经济社会的交会融合引发了数据迅猛增长,大数据应运而生。同时,大数据的迅速发展又掀起了新的信息化浪潮,为信息产业和数字经济发展提供了新机遇、新挑战。

(1)大数据与信息化

与以往数据比较,大数据更多表现为容量大、类型多、存取速度快、应用价值高等特征,是数据集合。海量数据的采集、存储、分析和运用必须以信息化为基础,充分利用现代信息通信技术才能实现。大数据与信息化的关系表现在以下几个方面:

一是大数据推动了信息化新发展。大数据作为新的产业,不但具备了第一产业的资源性,还具备了第二产业的加工性和第三产业的服务性,因此它是一个新兴的战略性产业,其开发利用的潜在价值巨大。实际上,我们对大数据开发利用的过程,就是推进信息化发展的过程。因为大数据加速了信息化与传统产业、行业的融合发展,掀起了新的信息化浪潮和信息技术革命,推动了传统产业、行业转型升级发展。因此,从这个层面讲,大数据推动信息化与传统产业和行业的融合发展的过程,也就是"互联网+"深入发展的过程。"互联网+"是一种新型经济形态,利用膨胀增长的信息资源推动互联网与传统行业相融合,促进各行业的全面发展。"互联网+"的核心不在于"互联网"而在于"+",关键是融合,即传统行业与互联网之间建立起有效的连接,打破信息的不对称,结合各自的优势,迸发出新的业态和创新点,从而实现真正的融合发展。而大数据在"互联网+"的发展中扮演着重要的角色,大数据服务、大数据营销、大数据金融等都将共同推进"互联网+"的进程,促进互联网与各行各业的融合发展。未来的"互联网+"模式是去中心化,最大限度连接各个传统行业中最具实力的合作伙伴,使之相互融合,只有这样,整个生态圈的力量才是最强大的。

二是大数据是信息化的表现形式,或者是信息化的实现途径和媒介。在数字经济时代,信息技术同样是经济发展的核心要素,只是信息更多由数据体现,并且这种数据容量越来越大、类型越来越复杂、变化速度越来越快。所以,需要对数据进行采集、存储、加工、分析,形成数据集合——大数据。

(2)大数据与数字经济

大数据与数字经济都以信息化为基础,并且均与互联网相互联系,所以要准确理解大数据与数字经济的关系,必须以互联网(更准确讲是"互联网+")为联系纽带进行分析。互联网是新兴技术和先进生产力的代表,"互联网+"强调的是连接,是互联网对其他行业提升激活、创新赋能的价值迸发;而数字经济呈现的则是全面连接之后的产出和效益。即"互联网+"是手段,数字经济是结果。数字经济概念与"互联网+"战略的主题思想一脉相承。数字经济发展的过程是"互联网+"行动落地的过程,是新旧经济发展动能转换的过程,也是传统行业企业将云计算、大数据、人工智能等新技术应用到产品和服务上，融合创新、包容发展的过程。数字经济时代，经济发展必然以数据为核心要素。大数据加快了互联网与传统产业深度融合，加快了传统产业数字化、智能化，为做大做强数字经济提供了必要条件和手段。

3. 加快推进国家大数据战略

实现打造精准治理、多方协作的社会治理新模式，建立运行平稳、安全高效的经济运行新机制，构建以人为本、惠及全民的民生服务新体系，开启大众创业、万众创新的创新驱动新格局，培育高端智能、新兴繁荣的产业发展新生态等五大发展目标。

二、进一步优化数字经济发展的市场环境

国家信息化战略和大数据战略的深入实施，大大提高了企业和市场的数字化基础建设的水平，分别为数字经济发展提供了重要基础和新平台，另外，数字经济的发展还需要具备良好的市场环境。

（一）加强企业数字化建设

当前，数字经济已成为经济增长的新动能，新业态、新模式层出不穷。数字经济在保障消费和就业、推动生产等方面发挥了重要作用，展现出了强大的增长潜力。鼓励企业加大数字化建设投入，积极开展数字经济立法，不断优化市场环境和规范市场竞争，是加快我国企业和市场数字化创新步伐的必然要求。

（二）优化互联网市场环境

我国数字经济已经扬帆起航，正在引领经济增长从低起点高速追赶走向高水平稳健超越、供给结构从中低端增量扩能走向中高端供给优化、动力引擎从密集的要素投入走向持续的创新驱动、技术产业从模仿式跟跑、并跑走向自主型并跑、领跑全面转型，为最终实现经济发展方式的根本性转变提供了强大的引擎。

第二节 融合发展战略决策

当前，数字经济正在引领传统产业转型升级，正在改变全球产业结构，正在改变企业生产方式。那么，数字经济时代政府如何调整产业结构，提高信息化程度，紧紧跟随数字经济发展潮流和趋势，成为必须面对的新时代课题。

一、大数据驱动产业创新发展

新形势下发展数字经济需要推动大数据与云计算、物联网、移动互联网等新一代信息技术融合发展，探索大数据与传统产业协同发展的新业态、新模式，促进传统产业转型升级和新兴产业发展，培育新的经济增长点。

（一）驱动工业转型升级

大力推动大数据在工业研发设计、生产制造、经营管理、市场营销、售后服务等产品全生命周期、产业链全流程各环节的应用，分析感知用户需求，提升产品附加价值、打造智能工厂，建立面向不同行业、不同环节的工业大数据资源聚合和分析应用平台。抓住互联网跨界融合机遇，促进大数据、物联网、云计算和三维（3D）打印技术、个性化定制等在制造业全产业链集成运用，推动制造模式变革和工业转型升级。

（二）催生新兴产业

大力培育互联网金融、数据服务、数据探矿、数据化学、数据材料、数据制药等新业态，提升相关产业大数据资源的采集获取和分析利用能力，充分发掘数据资源支撑创新的潜力，带动技术研发体系创新、管理方式变革、商业模式创新和产业价值链体系重构，推动跨领域、跨行业的数据融合和协同创新，促进战略性新兴产业发展、服务业创新发展和信息消费扩大，探索形成协同发展的新业态、新模式，培育新的经济增长点。

（三）驱动农业农村发展

构建面向农业农村的综合信息服务体系，为农民生产生活提供综合、高效、便捷的信息服务，缩小城乡数字鸿沟，促进城乡发展一体化，加强农业农村经济大数据建设，完善村、县相关数据采集、传输、共享基础设施，建立农业、农村数据采集、运算、应用、服务体系，强化农村生态环境治理，增强乡村社会治理能力。统筹国内、国际农业数据资源，强化农业资源要素数据的集聚利用，提升预测预警能力。整合构建国家涉农大数据中心，推进各地区、各行业、各领域涉农数据资源的共享开放，加强数据资源发掘运用。加快农业大数据关键技术研发，加大示范力度，提升生产智能化、经营网络化、管理高效化、服务便捷化能力和水平。

（四）推进基础研究和核心技术攻关

围绕数据科学理论体系、大数据计算系统与分析理论、大数据驱动的颠覆性应用模型探索等重大基础研究进行前瞻布局，开展数据科学研究，引导和鼓励在大数据理论、方法及关键应用技术等方面展开探索。采取政、产、学、研、用相结合的协同创新模式和基于开源社区的开放创新模式，加强海量数据存储、数据清洗、数据分析发掘、数据可视化、信息安全与隐私保护等领域关键技术攻关，形成安全可靠的大数据技术体系。支持自然语言理解、机器学习、深度学习等人工智能技术创新，提升数据分析处理能力、知识发现能力和辅助决策能力。

（五）形成大数据产品体系和产业链

围绕数据采集、整理、分析、发掘、展现、应用等环节，支持大型通用海量数据存储与管理软件、大数据分析发掘软件、数据可视化软件等软件产品和海量数据存储设备、大数据一体机等硬件产品发展，带动芯片、操作系统等信息技术核心基础产品发展，打造较为健全的大数据产品体系。大力发展与重点行业领域业务流程及数据应用需求深度融合的大数据解决方案。

支持企业开展基于大数据的第三方数据分析发掘服务、技术外包服务和知识流程外包服务。鼓励企业根据数据资源基础和业务特色，积极发展互联网金融和移动金融等新业态。推动大数据与移动互联网、物联网、云计算的深度融合，深化大数据在各行业的创新应用，积极探索创新协作共赢的应用模式和商业模式。加强大数据应用创新能力建设，建立政产学研用联动、大中小企业协调发展的大数据支撑体系，组建大数据开源社区和产业联盟，促进协同创新，加快计量、标准化、检验检测和认证认可等大数据产业质量技术基础建设，加速大数据应用普及。

二、"互联网+"推动产业融合发展

（一）推进企业互联网化

数字经济引领传统产业转型升级的步伐开始加快。

1. "互联网+"树立企业管理新理念

企业互联网思维包含极致用户体验、免费商业模式和精细化运营三大要素，三大要素相互作用，形成一个完整的体系（或称互联网UFO模型）。互联网思维是在互联网时代的大背景下，传统行业拥抱互联网的重要思考方式和企业管理新理念。

互联网时代对企业生产、运营、管理和营销等诸多方面提出了新要求，企业必须转变传统思维模式，树立互联网思维模式。运用大数据等现代信息技术实现企业的精细化运营；坚持以用户心理需求为出发点，转变经营理念，秉承极少主义、快速迭代和微创新原则，实现产品的极致用户体验。

2. 推进企业互联网化的行动保障

政府通过加大中央预算内资金投入力度，引导更多社会资本进入，分步骤组织实施"互联网+"重大工程，重点促进以移动互联网、云计算、大数据、物联网为代表的新一代信息技术与制造、能源、服务、农业等领域的融合创新，发展壮大新兴业态，打造新的产业增长点。统筹利用现有财政专项资金，支持"互联网+"相关平台建设和应用示范；开展股权众筹等互联网金融创新试点，支持小微企业发展；降低创新型、成功型互联网企业的上市准入门槛，结合证券法修订和股票发行注册制改革，支持处于特定成长阶段、发展前景好但尚未盈利的互联网企业在创业板上市。鼓励开展"互联网+"试点示范，推进"互联网+"区域化、链条化发展。支持全面创新改革试验区、中关村等国家自主创新示范区、国家现代农业示范区先行先试，积极开展"互联网+"创新政策试点，破除新兴产业行业准入、数据开放、市场监管等方面政策障碍，研究适应新兴业态特点的税收、保险政策，打造"互联网+"生态体系。

（二）推进产业互联网化

推进产业互联网化，就是推动互联网向传统行业渗透，加强互联网企业与传统行业跨界融合发展、提高传统产业的数字化、智能化水平，由此做大做强数字经济，拓展经济发展新空间。数字经济特有的资源性、加工性和服务性，为产业互联网化提供更为广阔的空间。总体来说，产业互联网化就是推进互联网与第一产业、第二产业和第三产业的深度融合、跨界发展。产业互联网化的过程即是传统产业转型发展、创新发展和升级发展的过程。

目前，应该以坚持供给侧结构性改革为主线，重点推进农业互联网化，这是实现农业现代化的重要途径；重点推进制造业互联网化，是实现制造业数字化、智能化的重要途径；重点推进服务产业的互联网化，是推进第三产业数字化发展的重要手段。大数据的迅猛发展，加快了产业"互联网+"行动进程。未来一段时间内，大数据将驱动金融、教育、医疗、交通和旅游等行业快速发展。

三、加快信息技术产业和数字内容产业发展

在数字经济时代，欧美国家经济增长的决定性因素由要素投入的"规模效应"转变为知识"溢出效应"，以信息数字技术为核心的知识密集型产业正在成为新的经济增长点。我国也应该顺应知识密集型产业发展的历史潮流，加快新一代信息技术创新，积极发展数字内容产业，通过产业融合和链条经济推动产业结构升级调整。

（一）加强新一代信息技术产业发展

当前，以云计算、物联网、下一代互联网为代表的新一代信息技术创新方兴

未艾，广泛渗透到经济社会的各个领域，成为促进创新、经济增长和社会变革的主要驱动力。加快发展新一代信息技术产业，加快建设宽带、泛在、融合、安全的信息网络基础设施，推动新一代移动通信、下一代互联网核心设备和智能终端的研发及产业化；加快推进"三网"融合，促进物联网、云计算的研发和示范应用，这将使数字经济在我国迎来前所未有的发展机遇。

（二）重视数字内容产业的发展

数字经济已经从"硬件为王""软件为王"进入"内容为王"的时代，数字内容产业正逐渐成为增长最快的产业。当然，我国数字内容产业在产业链条、产业规划和法律环境等方面还不完善。首先，欧美国家数字内容产业通常以内容产品为核心，通过产业前向和后向关联机制衍生出产业链条；国内数字内容产业则"有产无链"，没有充分发挥数字内容产业所蕴含的链条经济效应。其次，当前数字内容产业在各省份、地区蜂拥而上，缺乏国家层面的规划布局，造成重复建设、同质竞争和资源浪费，不利于产业未来做大做强。最后，国内知识产权保护意识薄弱，各种侵权行为层出不穷，严重侵害了数字内容产品开发者的利益，大大抑制了数字内容产业的创新步伐。因此，我国必须统筹制订数字内容产业发展规划，加大知识产权保护力度、以链条经济充分带动数字内容产业的发展。

为此，政府需要从数字经济发展的平台建设、"互联网+"行动计划、重视数字内容产业发展等方面采取措施，推进新形势下我国产业结构调整，提高信息化程度，积极应对数字经济发展。

第三节 共享参与战略决策

数字改变生活，数字经济发展也正在改变我们的明天。数字经济时代，社会和公众如何共同参与数字经济发展，使经济社会发展的成果惠及全社会和广大民众，这才是国家加快数字经济发展的出发点和最终落脚点。

一、弥合数字鸿沟，平衡数字资源

目前，我国数字经济发展的最显著优势是网民众多，这有利于我国成功从人口红利向网民红利转变。但是，以互联网为代表的数字革命普及和应用的不平衡的现实仍客观存在。

（一）数字鸿沟的主要表现

主体视角下个人、企业层面的数字鸿沟，又有宏观视角下地区、国家层面的数字鸿沟，从个体层面观察，数字化浪潮中，年轻人可以快速学会并使用移动支付、预约出行、网络订餐等数字技术应用，成为数字时代的弄潮儿，而很多老年人则因为传统观念影响、学习能力偏弱等原因，成为数字弱势群体。

从企业层面观察，一方面，不同行业的企业之间存在数字鸿沟，我国零售、文娱、金融等接近消费端的企业，很多已经接近或完成了数字化转型，而制造业、资源性行业的数字化程度则相对较低，另一方面，即使是在同一个行业内部，企业数字化的程度也有巨大的差异。从地区层面观察，我国地区之间的数字鸿沟突出地表现在城市和乡村之间，以及东中西部地区之间。从国家层面观察，数字鸿沟表现为国家与国家之间数字技术应用水平的差异。

（二）数字鸿沟产生的影响

数字鸿沟问题之所以会引起国际社会和我国政府的广泛关注，主要是因为数字鸿沟的存在和持续扩大，会使得基于数字经济的利益分配趋向不均等化，进而产生强者愈强、弱者愈弱的马太效应从社会资本的角度看，使用数字技术的各类主体，能够快速数字化其原有的关系网络和拓展新的关系网络，并将这些数字化的社会资本转化为新的经济社会资源。

1. 数字鸿沟使得个体机会的不均等加剧

数字化程度高的地区，学校学生可以通过互联网获取名师课程、在线习题等海量的教育资源，而对于欠发达地区的学生而言，传统的课堂学习仍是获取知识的主要渠道，这势必会进一步拉大本就已经存在的教育机会不均等。

2. 数字鸿沟使得企业竞争的不平等加剧

企业通过数字化转型，可以在市场竞争中占据优势地位，如通过建设智能工厂提升其内部的生产效率，使用电子商务增强其开拓国内外市场的能力等。传统企业由于仍是依托传统的资源禀赋，如劳动力成本优势、自然资源优势等，导致其在数字经济时代的全球竞争中处于弱势地位。

3. 数字鸿沟使得全球发展不平衡加剧

数字技术传播的过程，同样也是全球财富积累的过程，比如，微软、谷歌等互联网巨头企业的快速成长，成为国家经济增长的重要动力源。而一些国家则受限于自身经济发展水平和数字技术水平，一方面，很难成为数字消费国，无法享受数字技术带来的生产生活便利；另一方面，即使成了数字消费国，也很难实现从数字消费国到数字生产国的转变。这使得部分国家在全球数字经济红利的分配中处于非常被动的地位。

（三）弥合数字鸿沟的主要途径

1. 以硬件设施升级为重点弥合"接入鸿沟"

第一，扩大数字基础设施覆盖范围。推动"数字丝绸之路"建设，持续加大落后国家和落后地区固定宽带网络和移动通信基站的建设投入，并给予充分的资金和技术援助，包括数字基础设施建设的贷款和利率优惠、数字技术专利的适度共享等。同时，创新互联网接入方法，加快全球低轨宽带互联网星座系统部署，为偏远地区提供稳定的互联网接入方式。第二，提高互联网接入质量和传输能力。鼓励宽带技术、5G通信技术的创新与应用，提高数据传输速率、减少延迟、节省能源、提高系统容量，为在线学习、视频会议、智能制造、远程医疗等领域提供关键的支撑。第三，降低宽带和移动流量套餐资费，有序开放电信市场，以市场化竞争倒逼电信企业提高运营效率，降低服务资费。鼓励电信企业面向贫困学生等用户群体提供定向流量优惠套餐，面向中小企业降低互联网专线资费。

2. 以软件服务优化为抓手弥合"使用鸿沟"

一是培育专业化的数字人才队伍。通过组织优秀人才留学访问、跨地区交流等方式，将专业人才作为数字技术传播的桥梁和纽带，吸收发达地区的先进数字技术应用经验，不断提升落后地区群众的数字技能。二是优化数字教育资源公共品供给。各国政府与国际组织应当打造全国性和全球性的数字教育资源公共服务平台，指导教师运用数字化教学设备，提升在线授课技巧；帮助学生熟悉各类数字教育软件，提升在线学习效率；三是助推传统企业数字化转型升级。政府和行业组织应当鼓励传统企业学习数字化领军企业的成功转型经验，为企业运用工业互联网平台、建设智能工厂、打造智慧供应链提供专业技术指导。

3. 数字素养培育为特色弥合"能力鸿沟"

明确角色定位，推动形成以政府机构为规划领导者，教育机构为具体执行者，社会力量为辅助者的多主体数字素养培育体系。在这个体系下，包括学生、工人在内的全体社会公民都是数字素养培育的对象。制定培育目标，构建集数字资源收集和鉴别能力、数字知识利用和交流能力、数字内容创造和输出能力、数字安全维护能力于一体的多元化培育框架。

二、大力倡导大众创业、万众创新

适应国家创新驱动发展战略，实施大数据创新行动计划，鼓励企业和公众发掘利用开放数据资源，激发创新、创业活力，促进创新链和产业链深度融合，推动大数据发展与科研创新有机结合，形成大数据驱动型的科研创新模式，打通科技创新和经济社会发展之间的通道，推动万众创新、开放创新和联动创新。

（一）扶持社会创新发展

面对数字经济带来的新机遇、新挑战，政府应该帮助社一会创新发展，因为只有创新才能使社会大众从数字经济的金矿里挖掘更多的"金子"。

1. 鼓励和扶持大学生和职业院校毕业生创业

实施"大学生创业引领计划"，培育大学生创业先锋，支持大学生（毕业5年内）开展创业、创新活动。通过创业、创新座谈会、聘请专家讲座等形式鼓励和引导大学生创业、创新。积极扶持职业中专、普通中专学校毕业生到各领域创业，享受普通高校毕业生的同等待遇。免费为职业学校毕业生提供创业咨询、法律援助等服务。

2. 支持机关事业单位人员创业

对于机关事业单位工作人员经批准辞职创业的，辞职前的工作年限视为机关事业社保缴费年限，辞职创业后可按机关事业保险标准自行续交，退休后享受机关事业单位保险机关待遇。

3. 鼓励专业技术人员创业

鼓励专业技术人员创业，探索高校、科研院所等事业单位专业技术人员在职创业、离岗创业的有关政策。对于离岗创业的，经原单位同意，可在3年内保留人事关系，与原单位其他在岗人员同等享有参加职称评聘、岗位等级晋升和社会保险等方面的权利。鼓励利用财政性资金设立的科研机构、普通高校、职业院校，通过合作实施、转让、许可和投资等方式，向高校毕业生创设的小型企业优先转移科技成果。完善科技人员创业股权激励政策，放宽股权奖励、股权出售的企业设立年限和盈利水平限制。

4. 创造良好创业、创新政策环境

简化注册登记事项，工商部门实行零收费，同时实行创业补贴和税收减免政策。取消最低注册资本限制，实行注册资本认缴制：清理工商登记前置审批项目，推行"先照后证"登记制度；放宽住所登记条件，申请人提供合法的住所使用证明即可办理登记；加快"三证合一"登记制度改革步伐，推进实现注册登记便利化。

（二）树立共享协作意识

移动互联网平台、大数据平台和手机APP等现代信息技术平台的推广运用，使社会、公众的联系愈加紧密。这也为数字经济时代社会协作发展提供了可能。

1. 积极发挥社会组织公益式孵化作用

社会组织本质上是自愿结社,具有平等共享和自发的特点。成员之间平等交流、同业互助的社会关系能够促进良性的创新思维。同时,自发成立的社会组织本身也是一种创业和创新,可以说,社会组织天然地具有创新、创业基因。为了提高创业、创新的成功概率,应该积极发挥社会组织对创业者的公益式孵化作用,弥补国家、政府、企业无法顾及的创业、创新领域。

2. 坚持共享协作发展

数字经济时代,创业创新发展不再是单兵作战、孤军奋战,而是社会全面共享协作发展。所以,创业创新发展要获得巨大成功必须充分利用移动互联网平台、手机 APP 等数字化服务,加强政府、企业、社会共享协作发展,构建"政府引导、企业主导发展、社会共享协同参与"的数字经济发展新格局。

总之,数字经济发展成果广泛惠及社会民众,这是数字经济发展的根本。所以,弥合数字鸿沟,平衡数字资源,是社会共享参与数字经济发展的基本前提;大力倡导大众创业、万众创新战略行动,是社会共享参与数字经济发展的具体实践;规范和加强网络安全,加紧网络安全法规制度建设,是社会共享参与数字经济发展的重要保证。

第三章 数字经济与金融

第一节 数字金融理论和数字金融的影响

一、数字金融理论
（一）数字金融的概念及内容

现实中，数字金融泛指传统金融机构与互联网公司利用数字技术实现融资、支付、投资和其他新型金融业务模式。这个概念与"互联网金融"（传统金融机构与互联网企业利用互联网技术和信息通信技术实现资金融通、支付、投资和信息中介服务的新型金融业务模式）以及"金融科技"（通过技术手段推动金融创新，形成对金融市场、机构及金融服务产生重大影响的商业模式、技术应用、业务流程和创新产品）相似。通常，互联网金融更多地被看作互联网公司从事金融业务，而金融科技则更突出技术特性。相较而言，数字金融的概念更加中性，所涵盖的范围也更广泛一些。

数字金融系统的发展具有自身独特的路径、特征及规律性。对数字金融的研究有助于进一步激发全球金融生态系统的活力，推动金融行业的业态升级。金融科技的发展有七个趋势性驱动因素：人工智能、大数据处理、核心系统替换、分布式分类账技术、电子支付、包容性金融、金融科技治理。

（二）数字金融与数字经济的理论内涵
1. 数字金融的内涵与外延

数字金融是传统金融数字化和数字信息技术向金融领域延伸形成的新型金融业态共存的产物，是继金融电子化和信息化之后的发展阶段。数字金融是通过数字技术对金融机构的底层技术架构、业务模式、营销模式和组织管理等方面进行改造而产生的金融业态，重点在于数字技术的应用对金融业的效率提升。从外延上看，数字金融是传统金融行业与现代数字技术相结合的产物，包括传统金融机构采用数字技术进行数智能化升级改造和以数字技术为主向金融领域延伸而形成的互联网金融等新型金融业态。从数字金融产品和服务类型来看,有数字货币、数字信贷、数字保险、数字基金、数字债券、数字股票、数字金融衍生品等,这些均属于数字金融的基本范畴。

数据要素和数字技术在金融领域的广泛应用可以加强金融机构与经济主体之间的联系,显著缓解金融机构在开展金融服务过程的信息不可得、信息不对称、信息不会用等问题。一方面,对二者运用可以提高金融机构的经营效率。通过数据和技术对客户进行精准画像,金融机构既可以对存量客户的需求进行分层,又可扩大金融机构的潜在客户范围,提高金融机构的运行效率,增强金融服务功能。另一方面,对二者运用可提升金融服务的覆盖面和客户体验,数字技术与金融业的融合发展突破了金融业务在时间和空间上的限制,有助于提升整体经济运行效率。

2. 数字经济的内涵与外延

从国内外对数字经济内涵的研究历程来看,无论是本质还是范畴都在不断丰富,但由于学者们的研究视角存在差异,学界对数字经济的内涵还未形成统一的认识。从数字经济的范围来看,大致有广义和狭义之分,二者的主要区别在于是否把数字化赋能传统产业纳入数字经济的范围之内。其中,广义数字经济倾向于将数字经济视作一种经济活动,认为数字经济是指以数据资源作为关键生产要素、以现代信息网络作为重要载体、以信息通信技术的有效使用作为效率提升和经济结构优化的重要推动力的一系列经济活动。而狭义数字经济则将数字经济视为一种产业经济,主要是指信息与通信技术产业,认为ICT(information and communications technology,信息与通信技术)产业是数字经济的核心。

综合已有数字经济的研究,数字经济是一种具有与工业经济、农业经济同等地位的"独立经济形态",是一个生产经营活动的过程,是以数据、知识为核心要素作为投入,以数字化产品和服务作为产出,并围绕数字化产品进行销售、贸易和宣传等服务活动。数字经济的核心在于数据要素价值开发和数字化产品、服务的生产,虽然数字经济与其他行业融合会带来效率的显著提升,但对被改造行业而言,数字化产品的应用所带来的效率效能提升就如同采用其他先进设备对生产效率带来的提升一样,只是改变了效率并未改变行业生产经营的主要方式,其本质还是原有产业,因而不能把它放入数字经济统计范围之内。所以在这过程中与其他行业的交互或者说对其他行业进行数字化改造的过程应该看作是数字经济的产品贸易和产品被使用、消耗的过程。借用国家统计局的提法,数字经济的范围主要包括数字产品制造业、数字产品服务业、数字技术应用业、数字要素驱动业。

（三）数字金融与数字经济互动发展关系特征

从理论与实践来看，数字经济与数字金融发展关系特征可概括为以下三个方面：

1. 数字金融与数字经济相互支撑

数字金融支撑数字经济发展。一方面，金融具有动员储蓄、优化资金配置和完成价值支付结算的功能。在数字经济发展的初始阶段，数字技术和产品的研发需要大量的资金投入，数字技术企业大多是轻资产行业，缺乏银行认可的、必要的标准抵押资产，而数字金融则可以通过大数据积聚挖掘企业潜在的信用价值，绕开标准抵押资产融资要求，为数字经济发展提供精准授信支持。另一方面，数字金融能够为数字经济企业提供数字保险服务和多样化的投资渠道，可以增强数字经济企业的风险抵御能力和实现企业内部资源的优化配置。

数字经济发展支撑数字金融发展。首先，金融发展源于金融体系在经济运行中的作用，在传统金融服务供给不足的情况下，数字经济发展会产生对数字金融服务的需求，通过数字金融服务供给的增加和数字经济投资收益的分享来拉动数字金融发展。因此，数字经济是数字金融发展的重要支撑。其次，货币是金融经济活动开展的基础因素，而货币的流通和增值依赖于实体经济的发展，数字技术的发展可以推动促进数字货币的发展，并通过数字货币的流通和使用，进一步推动数字金融的发展。最后，数字经济为数字金融的发展提供了数字化产品和服务。数字金融是金融和数字技术的结合，数字经济可以为数字金融提供数字技术支撑，数字金融部门通过对数字经济部门的数字化产品的使用来促进自身数字技术的创新与发展，推动金融科技进步。

2. 数字金融与数字经济相互连接

首先，资金作为连接媒介在两部门之间运动和增值。由于数字经济部门发展的需要，资金会通过借贷或投资的方式从数字金融部门进入数字经济部门。由于资本增值的需要，具有闲置资金的数字技术企业又会将资金投入数字金融部门，如此循环往复不断增值促进数字经济和数字金融发展。其次，技术作为媒介在两部门之间的连接。技术的成熟具有外溢效应，数字经济部门的数字化产品一旦研发成功便会向其他部门渗透，而由于金融行业对新技术具有高度的偏好和依赖，金融部门也会主动地吸纳数字技术对自身进行改造。技术的流转与应用能促进数字金融部门底层技术构架的发展，并诱发金融科技进步，提高金融行业整体的运营效率。最后，信息数据在两部门间互通，信息互通是数字经济和数字金融发展的必然要求。只有数据能够互通，数字经济的产品研发才有更多的实际应用通道，数字金融部门的效率提升才有发挥的空间。信息数据的互通不仅存在于数字经济部门与数字金融部门之间，更在于整个经济体的所有部门之间互通共享，才能够最大限度地发挥数字技术的赋能作用。

3. 数字金融与数字经济相互促进

数字金融促进数字经济发展。数字金融对数字经济的促进作用主要体现在投融资、价值流通与风险分担三个方面。与传统金融相比，数字金融能更大程度地动员储蓄，具有更高的储蓄与投资转化效率和更精确的投资能力。因此数字金融能够更便捷精准地对数字经济进行投融资，支持数字经济发展。金融资金进入数字经济部门会促进数字技术研发投入增加，加快数字化产品生产，推动数字经济发展。同时，数字经济产品价值流通的支付结算也需要数字金融快捷的支付结算功能来完成，从而加速数字技术企业的资金周转。此外，数字金融通过对数字保险等手段的利用也可以分担数字经济部门的创新与产品生产经营的部分风险，从而减轻数字经济部门的风险损失。

数字经济促进数字金融发展。这种促进存在两个渠道：一是为数字金融部门发展提供数字化产品。对数字化产品的应用是数字金融发展的基础，也是数字金融与传统金融之间的根本区别。通过对数字化产品的使用，数字金融部门的技术架构、业务模式、营销模式和组织管理都能得到极大的提升。二是为数字金融部门增加利润来源。数字经济部门从资金需求和供给两个渠道对数字金融部门产生影响，数字金融可通过利差机制分享数字经济部门的生产利润以促进自身发展。

二、数字金融与数字经济互动发展的作用机制

数字金融与数字经济之间存在相互支撑、相互连接和相互促进等互动发展关系，而这种互动发展关系是依靠下列机制来实现的。

（一）数字金融促进数字经济发展的作用机制

数字金融促进数字经济发展，主要依靠以下三个方面的作用机制：

1. 数字技术支撑下的资本普惠包容机制

数字金融具有普惠性的特征，一方面，数字金融部门具有技术优势。数字金融通过物联网进行数据收集、积累大数据和设计算法进行分析、运用人工智能进行决策判断，可以有效降低金融机构与资金需求者的信息不可得、信息不对称、信息不会用等问题，进而增强金融机构的风险识别能力，提升金融服务的可得性、可及性和实惠性。同时，互联网技术的应用可以提高金融服务的覆盖率，智能手机和互联网的普及也增加了居民和小微企业等长尾群体接触金融服务的可能性。

此外，数字技术的利用不仅可以减少银行网点的设立以降低运营成本，还能够降低金融业务的宣传和办理成本，进而降低金融服务的价格。另一方面，数字经济部门具有资金的现实需求。无论是传统实体经济还是数字经济，中小微企业都是其发展的重要主体。它们具有资本金少、抵押物缺乏、信用记录不足等特征，使得传统金融惜贷现象突出。但数字金融则可以通过发挥数字技术的优势来弥补这类企业的劣势，能较好地解决中小微企业融资难问题，资金需求和供给的适配性增强，使得数字金融能更好地促进数字经济的发展。

2. 数据要素支撑下的信息信用增强机制

数字金融对数字经济信息信用的增进机制主要体现在数字金融能促进企业信息披露机制强化和企业营商行为数据积累两个方面。就信息信用的产生而言，主要有两个因素会对其产生影响：一是企业自身的实力，如企业的盈利能力、发展潜力和其他影响企业价值的因素；二是信息披露机制，包含信息披露程度和披露信息的真实性。对于投资者和金融机构而言，良好的信息披露机制可以加深投资者和金融机构对企业的了解，降低信息不对称进而增强企业的信息信用。在数字时代，数字经济部门和数字金融部门之间存在信息互通，这便是信息披露机制提升的一种渠道，能通过增强数字经济企业的信息披露程度进而增强数字经济企业的信用。此外，互联网和物联网的应用和数据的积累互通还能够使企业生产、研发、运营、营销数据进行实时上传，形成企业大数据积累，便于金融机构利用算法挖掘信用价值，从而大大减少存在虚假信息的可能性，增强了企业信息披露的真实性。

3. 数据与资金结合引领技术创新发展机制

科技是第一生产力，数字经济的发展正处于起步阶段，创新是数字经济发展的重要动力源泉，有效的创新能够大幅缩短数字经济的成长时间。同时，数字经济是围绕数字技术创新和数字产品的生产而发展的，因此技术研发和创新是数字经济发展的重要驱动力。而在技术研发过程中，资金不足一直是科技企业发展面临的重要难题。就数字技术企业而言，数字技术软件和硬件的开发以及技术的转化都需要大量的资金投入。从现实来看，数字金融可以根据科技型企业的发展特点来研发能够满足其需求的信贷产品，以及通过数字保险提高其风险抵御能力进而促进创新，营造良好的创新环境来促进数字经济发展。

（二）数字经济促进数字金融发展的作用机制

数字经济促进数字金融发展，主要依赖以下三个方面的作用机制：

1. 技术支撑机制

数字化产品是数字经济的核心，是数字经济部门数字技术向其他行业转移的外在表现，数字经济给其他产业带来的效率提升在于数字化产品的提供。数字化产品包括与数字技术有关的软件、硬件设施和设备等，这对金融行业的数字化发展具有极强的推动作用。数字经济部门生产数字化产品，然后被金融部门购买和使用，会使得金融部门的技术与效率得到提升，衍生出金融科技，而金融科技的进步将促进数字金融的发展。

数字经济对金融部门的技术支撑还体现在两部门之间技术的外溢效应。数字经济相较传统实体经济具有高技术的特点，而技术具有较强的"溢出效应"，技术会通过一定的载体和渠道在企业间流动，进而实现技术由高技术企业向低技术企业扩散。实际上，这种技术外溢效应不仅存在于企业之间，也存在于部门之间，数字经济发展过程中产生的"溢出效应"会促进数字金融的发展。首先，数字经济与数字金融部门在交流互动过程中产生有意、无意的知识传播，对数字金融部门起着示范扩散作用。数字金融部门会通过模仿学习数字经济部门的产品类型和经营模式，借鉴数字经济的设计经验来积极推行自身底层技术架构的升级和产品、销售模式的改变。其次，数字经济部门的员工是数字技术的载体，在行业之间的流动交流也会产生技术溢出效应，不仅加快数字技术的传播，也会促使金融部门重视数字技术人员的培养、数字技术的引进和数字技术产品的研发。最后，数字经济部门和数字金融部门是密不可分、相互连接的。资金、信息、技术上的连接会推动数字金融部门学习新的技术，以适应数字经济部门的发展需要来赚取更多的利润。两部门的连接会产生关联效应进而促使数字技术的转移和溢出。

2. 资源支撑机制

数字经济也会产生资源支撑机制促进数字金融发展。首先，数字经济可以为数字金融发展提供丰富的客户资源。数字经济主体是中小企业，具有企业规模小、地点布局分散，资本积聚能力较弱，金融机构支持不足，缺乏财政投资等特征。一方面，这些企业的数字技术研发需要大量的资金投入，对信贷资金的需求较为旺盛，但这类企业往往因为缺乏标准抵押资产而被传统金融机构所排斥，这恰好为数字金融提供潜在客户资源。另一方面，对于数字经济企业来讲，技术研发具有较高的风险，而数字保险可以根据企业的特点进行多样化的保险研发，能够较好地契合企业发展过程，因此数字经济的发展也会产生对数字保险的巨大需求，成为数字保险业的客户来源。其次，数字经济可以为数字金融发展提供丰富的储蓄资源。数字经济与传统实体经济在生产方面存在差异，数字经济的生产投入要素以数据、人力资本和无形资产为主，因此相对传统实体经济而言，数字经济部门具有轻资产的特性，轻资产意味着数字经济部门相较传统经济拥有更多的可支配资金，对外投资（包括金融投资）的可能性更大。此外，数字经济的发展还会通过增加居民的收入来增加数字金融的储蓄资源，居民储蓄是数字金融部门资金的重要来源，储蓄资源的增长能增加数字金融部门的贷款数量和利润来源，从而促进数字金融部门发展。

3. 利润源泉机制

从数字信贷业务来看，其利润来源于存贷利差，在存款利率不变的前提下，贷款利息越高，数字金融部门的利润会越高。而关于利息收入，贷出者和借入者双方都是把统一货币额作为资本支出的。但它只有在后者手中才执行资本的职能。同一货币额作为资本对两个人来说都取得了双重的存在，这并不会使利润增加一倍。它所以能够在双方都作为资本执行职能，只是由于利润的分割，其中归贷出者的部分叫作利息。利息是对利润的一种分割，即可理解为金融机构的利润本质上来源于实体经济部门的利润分割。所以对于数字金融部门而言，数字经济部门的剩余价值是其利润的重要来源，因此数字经济发展会增加数字金融部门的利润。换个角度来看，数字经济部门发展越好，对数字金融部门服务的需求越多，自然数字金融部门的利润也就越多，数字金融部门与数字经济部门因资金长期密切的联系而成为特殊的利益共同体。

三、数字金融与数字经济良性互动发展的政策保障

要促进数字金融与数字经济良性互动发展，需要优化政策环境，为疏通二者良性互动发展机制扫清障碍。

（一）保护数字技术知识产权

产权保护是经济发展的基础，无形资产具有可复制的特性。数字经济与数字金融发展的核心是数字技术，而数字技术的研发往往具有高科技含量的属性，只有建立起良好的知识产权保护体系，才能在市场中构建起良好的激励机制，鼓励数字经济企业加大技术创新。因此，要想推动数字金融与数字经济的良性互动，必须要保护数字经济市场主体合法权益。一方面，应当健全高效、科学和完备的知识产权保护体制，依法、公正、高效、严格保护知识产权。另一方面，牢固树立保护知识产权就是保护创新的理念，营造开放、公平、公正、非歧视的数字技术创新发展环境。

（二）明晰数据的所有权和使用权

在数字化时代，数据与劳动、资本同为生产要素，数据理应与劳动和资本被相同对待，只有明确其所有权和使用权，数据才可能解放要素的最大化生产力，

促进数字经济和数字金融的发展。在数据产生过程中，数据的所有权是属于数据的产生者还是属于数据的收集者是一个需要法律条文进行明确的问题。如果数据的所有权属于数据的产生者，那么对数据进行加工、挖掘、盈利的企业是否需要向其进行补偿。在对数据的使用过程中，对数据的挖掘不亚于"偷窥"数据生产者的隐私，如何对数据挖掘的深度进行把握是一个现实的问题，都需要有清晰的法律和政府管理机构进行清晰的界定与司法解释。如果数据的所有权属于数据的收集者，那么需要考虑在数据要素的价值化过程中，数据收集者如何才能避免不侵犯个人或商业隐私。

（三）建立健全数据要素市场体系

数据作为数字经济的核心生产要素，随着经济数字化加快发展，数据对提高生产效率的积极作用日益显现。应当从产权制度、标准规范、交易平台、治理机制等四方面同步着手，推动形成数据要素"资源化－资产化－资本化"的价值实现路径，建立数据资源交易市场以推动数据定价和流通，促进数据资源规范形成，推进数据要素市场健康有序发展，推动数据要素价值实现路径的构建。

（四）推动金融科技对科技金融的促进作用

金融科技既是数字经济发展的重要技术成果，也是金融机构利用大数据、人工智能等数字技术来推动金融业务发展的综合体现。而科技金融则是金融机构面向科技型企业开发的金融服务。科技创新离不开金融的支持，要突破传统金融对科技支持的风险障碍现象，需要金融机构大力引进和创新运用金融科技，提升科技金融服务水平，对数字技术研发企业进行精准画像，根据其发展现状和前景对其进行准确评估，开发出满足这类企业发展需要的科技金融产品，进而促进数字经济与数字金融良性互动发展。

四、数字金融的影响

（一）数字金融对传统金融业态和市场运行机制的影响

1. 数字金融对传统金融业态和市场运行机制提供的支持

金融是高数据密集型行业，因而金融机构一直是信息技术最积极的应用者。云计算、大数据、人工智能、物联网、区块链等现代信息技术逐渐应用在金融生态系统的各个方面。数字金融对传统金融行业的影响主要体现在金融科技改变了传统支付渠道，掌握了支付入口，屏蔽了传统银行与消费者之间的直接关联，使传统银行退居支付渠道的后端，从而使金融科技企业既掌握了大量消费者的交易习惯和消费数据，又沉淀了大量的小额闲散资金。基于数据优势和资金优势，金融科技企业利用算法能够给用户提供低成本、易操作、个性化和理性化的网络借贷、财富管理和保险等金融服务，形成汇、贷、存的金融生态闭环。

大数据、云计算、人工智能、区块链等数字技术对传统金融企业的经营效率、风险控制、商业模式等具有深远影响。大数据具有量大、高速、多样等特点，通过客户画像描绘银行个人客户的消费能力、风险偏好和企业客户的生产、流通、运营、财务、销售、相关产业链上下游活动等特征，拓宽银行对客户的了解。基于客户画像，银行可以有效开展精准营销，更大概率引流成功，同时银行可根据海量信息结合大数据挖掘方法进行贷款风险分析，量化企业的信用额度。云计算可以实现海量数据云端存储，使大数据在金融市场的应用更加高效便捷。人工智能可以采用机器人、图像识别等技术轻松从大数据中抓取所需要的信息，进行客户识别、信用分析等操作，同时提供智能客服，快速解决用户问题，大大提升使用体验，增强客户黏性。区块链开放性的特征可以连接交易各方，使得交易流程向参与者公开，减少传统金融业务中信息不对称的风险。同时，区块链去信任化和去中心化的特点使得数据不可被篡改，这就提升了交易安全性，降低了有关的交易成本，具备颠覆传统银行支付、清算、融资、证券、贷款等各项业务的潜力。

2. 数字金融下的"开放银行"和货币政策

数字金融的发展的确对传统金融业态产生了冲击，但传统金融机构并不是一成不变的，它们在这场浪潮中实现了自我革新和效率提升，逐渐向全新的合作与服务方式转型。开放银行是一种创新的商业模式和商业理念。在监管允许的范围内，商业银行经客户授权，通过 APP 等技术与其他银行业金融机构、金融科技公司、垂直行业企业等合作伙伴共享信息和服务，实现银行服务与产品的即插即用，共同构建开放的泛银行生态系统。

这种转型非常奏效，零售金融利润占比不断提升，非息收入来源增加，并且吸纳了大量的用户资源，成为银行业转型成功的基石。开放银行的进阶与商业银行数字化进程并行，正在成为商业银行全面拥抱金融科技的最佳路径。

但数字金融在增强金融服务，促进金融业转型升级的过程中也给货币政策的有效性带来了挑战。我国传统的货币政策关注的是货币供应量、银行贷款以及社会融资总额。而数字技术促进了由非金融支付机构提供的信用服务的发展，使大量资金在银行体系外运转，这使得各层次货币供应量之间的边界日益模糊，这一方面加大了中央银行对于各层次货币供应量度量及调控的难度，潜在地削弱了数量型货币政策的有效性；另一方面，数字金融拓宽了金融市场中个人和企业的参与渠道，使企业和个人对利率的敏感度上升，有助于使价格型货币政策发挥重要作用。

（二）数字金融助力普惠金融的商业模式

数字金融有效解决了小微企业、创新型企业、供应链企业融资难、融资等问题，助力普惠金融，为服务实体经济、防控金融风险、深化金融供给侧结构性改革助力、赋能，其最大优势就是支持普惠金融的发展。由电子商务和通信技术快速发展所推动的数字金融，可以降低传统金融对物理网点的依赖，具有更强的地理穿透性和低成本优势，为广大地区享受金融服务创造了条件，尤其是数字货币在增加金融服务覆盖面、降低服务成本等方面发挥了重要作用，从而有助于优化金融资产配置，改善中小企业的融资状况，在促进金融稳定的同时实现整体盈利水平的提高。

普惠金融这一概念被提出，指以可负担的成本为有金融服务需求的社会各阶层和群体提供适当、有效的金融服务，其主要服务对象是小微企业、农民、城镇低收入人群等。金融包容性帮助那些没有银行账户和银行账户不足的人，在物理上、数字上和心理上使用与获得资金之间架起了桥梁。在当今的数字世界，实物现金正迅速成为传统社会习俗和遗留金融体系的残余，这些传统习俗和金融体系使无银行存款的人处于不利地位。通过将数字金融工具（如使用区块链技术的移动汇款）与心理工具（如金融教育）相结合，无银行账户的人可以获得金融服务并打破贫困循环。

第二节　数字金融创新

一、数字货币

（一）非法定数字货币的发展

自从以区块链技术开发出比特币、以太币等数字货币以来，各国的资本投资者、金融机构和政府都对此高度关注并加大了投资研究力度。区块链技术是数字货币研究的主流技术，基于该技术的数字货币相较于传统货币具有降低发行成本和交易成本、提高支付效率、提升交易安全性等方面的优势。

加密货币作为一种新兴的数字货币越来越受欢迎，但它不太可能取代法定数字货币。以比特币为例，它的确是一种交易媒介，但目前它只适用于数量有限的商品，在总体支付中所占比重较小。此外，虽然比特币最初是作为一个点对点支付系统创建的，但许多发生在消费者和企业之间的比特币交易，都涉及将比特币转换成真实货币的中间人，这既涉及成本，也涉及时间。比特币的缺点是价值波动较大，不是一个稳定的价值来源。

（二）对非法定数字货币的态度

对于非法定数字货币和法定数字货币这两种形式，从历史规律和风险监管角度可以看出法定数字货币是未来发展的趋势，这主要基于下面两方面考虑：一是由非法定数字货币的去中心化、匿名性和高度的波动性决定的，这些特性会对金融市场的稳定性造成冲击，倒逼国家发行法定数字货币；二是中央银行发行的法定数字货币有国家信用作支撑，稳定性很强，而且货币的供给和流通易于集中统一管理，有利于国家宏观调控和货币政策的有效实施。

（三）中国对法定数字货币的研究

中国人民银行对于数字货币和区块链技术一直持有积极的态度，并组织金融行业机构参与法定数字货币体系的设计和构建。

商业机构提供的支付服务和产品具有商业趋利性，不能像公共服务和产品一样惠及全体人民。因此对于数字货币来说，只有通过国家垄断的方式，广大的人民才能获得公平普惠的货币服务。从货币的发展历史和经济学角度来讲，法定数字货币可能是社会成本最低，最值得信赖，也是最具有竞争力的数字货币。因此，中国对于法定数字货币的研究将有助于在未来的国际金融体系变革中占据有利的位置。

中国人民银行数字货币的投放模式为"双层运营"结构，即按照100%的准备金制度将数字货币兑换给商业银行，再由商业银行或商业机构将数字货币兑换给公众。这种结构可以使中国人民银行和商业银行之间优劣互补，刺激各商业银行在中国人民银行预设的轨道上进行充分竞争，推动新型金融生态的形成与发育，避免中国人民银行在人才、资源和运营工作等方面的潜在风险。

相比欧美国家，中国人民银行数字货币的技术体系具有诸多优势。其一，中国具有很多原创性的相关技术。其二，中国大学和研究机构对于基础科学的研究进展很快，具有吸纳国际数字货币技术成果的能力。

二、数字金融助力跨境电子商务发展模式创新

随着"互联网+"与信息时代的到来，跨境电子商务的发展势头愈发凶猛，并且在全世界范围内都占有一席之地。数字金融的飞速发展为我国互联网产业的进步提供了契机，跨境电子商务就是典型例子。随着跨境电商规模的逐渐扩大，随时带来的问题也越来越多，甚至在很大程度上影响了跨境电商的可持续发展。

并且，跨境电商的流行也带来这一产业之间的激烈竞争。因此，从数字金融角度研究跨境电商发展有着很强的现实意义。

（一）数字金融与跨境电商的融合体现

1. 数字金融支持跨境电商的资金支付

交易支付是跨境电商运行过程的重要环节，就目前看来，网银支付和第三方平台支付是主要的支付方式。其中，第三方支付的产品种类与业务创新遥遥领先于银行支付，获得了大多数消费者的青睐。随着第三方支付平台的发展成熟，我国涉及跨境电商交易的企业借助第三方支付平台可以解决大多数收付款业务。

2. 数字金融支持跨境电商的供应链融资

对于电子商务而言，传统供应链融资是以商业银行的产品与服务为媒介，将供应链两端的企业联系起来。跨境电子商务就此做了相应的创新，为平台上的企业提供了扁平化的融资途径，使得供应链上的企业融资减少了很多非必要环节。线上供应链金融主要是通过由大数据提供信息进行运作，进而为供应链上的企业提供对口的融资服务。目前的跨境电商平台模式中，资金流的作用愈发突出。

（二）跨境电商发展模式创新的意义

发展模式创新，也就是通过创新性的产品与服务吸引更多电商群体的手段，是根据顾客的不同群体多样化与个性化服务的环节。其主要目的是通过满足顾客需求，获得更高的市场占有率，从而提升其品牌效应与企业价值，并在一段时间内将这些隐性价值转化为实际利润收入，获得更高的经济创收。因此，发展模式创新可以通过帮助企业发展核心竞争力，从而占取更多的市场份额，是有效实现利益相关者获得价值的重要途径。此外，跨境电子商务与传统电商相比，突破了时空的界限，可以满足不同地区消费者的不同需求，这也对企业的运作提出了更高的要求。企业需要根据跨境电商的特点重新分配其现有资源，以获取更高的经济收益与盈利空间。跨境电商的创新发展应该是多种多样的，对其发展模式的创新要综合考虑企业运行机制，使其现有资源获得最大程度的利用与转化，从而创造更大的利润空间。再者，发展模式创新可避免企业因产品同质化严重而在市场上处于弱势地位。当一个企业的商品与其他竞争对手处于趋同时，极易陷入被动的困境，消费者在购买时将出现审美疲劳及难以抉择的问题，而发展模式创新则通过创新产品与服务使得在同一行业内具备自身竞争优势以推动企业可持续发展。最后，当一个企业走在下坡路，正处于萧条阶段时，发展模式的创新极有可能成为企业峰回路转的救命稻草。经济贸易在日新月异地变化着，企业若想在如此竞争激烈的环境中占据一席之地需持续输出特色的产品及优质的服务以满足消费人群的差异化需求。观察跨境电商现阶段形势，发现其在对于出口这一块的管理具有诸多不妥善之处，包括出口商品的售后服务以及与买家的全程交流方面。此外，牵制跨境电商扩大影响范围的弊端包含物流运输所需时间过长、运输费用高昂且由于海运空运稳定性不佳，因此存在一定风险。综上，为解决以上涉及的问题，跨境电商企业应当积极推动发展模式创新，通过采取正当竞争手段，打造竞争优势，获得企业盈利。

（三）数字金融助力跨境电商发展存在的问题

1. 跨境支付困难与汇率变动的不稳定性

随着跨境电商的迅猛发展，单笔限额五万元对于一部分商户的需求而言造成了很大的限制。同时，研究发现跨境电商在业务支付过程中面临着支付机构备用金限额、银行外汇变动等多方面的影响，最终会导致资金周转不便等问题。就目前来看，银行的跨境外币清算活动主要借助数字金融完成，但是很多商户在处理大量小额交易时，清算的任务量与成本就大大提升，所面临的问题也愈发多样。大多跨境电商卖家都是通过国内银行的账户进行跨境清算，这就难免会面临手续繁琐、交易困难等多重问题。在跨境电子商务交易过程中会面临多种多样的冲突，例如交易主体与法定货币之间的冲突、主权国家与国际电商法规在条款上的冲突等。在交易过程中，交易主体会涉及多个国家及地区，究竟采用哪个支付监管法律体系也没有明确的规定，这也在无形中增加了跨境电子商务的交易风险与运行难度。并且，跨境交易的复杂性直接导致其真实性与合法性难以界定，从而给予不法分子钻法律漏洞的机会，从而延伸出跨境非法活动，严重时甚至会给电子支付带去多重风险。最后，跨境支付还面临着客户隐私泄露、知识产权纠纷等问题。

2. 征信监督体系的缺失

第一，国家金融信息数据库中的信息覆盖面较小，里面的数据主要包括金融信贷，而伪劣产品、恶意交易等行为则不会在该数据库中显示。第二，由地方政府创建的信用数据库，其覆盖范围也极其有限，其中主要体现的是行政处罚相关数据，并且都要在处理周期结束后才能有所显示，因此，这些数据对于跨境电商的参考性也不大。第三，市场化的征信机制尚未完善，在业务流程、产品创新、市场定位等多个方面还存在发展空间。第四，在互联网的大背景之下，信用信息收集与处理呈现出多样化的特征，现有征信法规需要及时修订才能符合互联网的大背景。就数字金融行业而言，目前的征信机制尚未完善，跨境电商及交易平台即便有大数据的支撑，但是在信用信息方面存在明显的缺陷，无法满足日益发展的互联网金融的需要。同时，不同交易平台在场景设计、内容创新方面的差异也对征信数据的处理与应用提出了更高的条件。

3. 中小跨境电商融资筹资困难

第一，流动资金量跟不上需求的要求。跨境电商的交易机制在很大程度上决定了跨境电商相关企业大量的资金需求。相较于大型跨境电商企业，中小型企业需要的流动资金较少，跨境电商除了存货需要流动资金之外，贷款回收也需要一定的时间，在汇率变动损失、进出口退税、平台引流等方面都需要一定量的流动资金。此外，随着互联网与信息技术的快速发展，越来越多的中小型外贸企业选择入驻跨境电商，并且随着时间的推移，这部分企业的数量也在增多。但是这些企业整体实力并不强，存在着较大的融资需要。第二，现有融资渠道受限，融资问题多样。相较于大型跨境电商企业，中小型企业在融资方面面临着更加多样化的要求，并且在融资筹资过程中的难度也比较大。第三，融资门槛高、风险大。银行对于企业贷款设置了较高的门槛，中小企业要想获得银行的大额贷款，需要有资产抵押或第三方担保。但是大多中小跨境电商企业的资产有限，在抵押方面难以达标，并且也很难找到合适的第三方担保主体。因此，民间贷款因其门槛低而成为了很多中小跨境电商企业的首选，但是民间贷款的利率高于银行且融资成本高，在具体的担保过程中受限制较多，也就带来了很多融资风险。

（四）数字金融助力跨境电商发展的路径选择

1. 保障第三方支付顺利运行，完善监管机制

就目前来看，电子商务的发展遍及我国各地，第三方支付系统中"双端"系统的重要性就不言而喻。第三方支付平台拥有大批用户，在用户支付时给予一定的技术支持，支付软件的普及使得跨境电子商务的交易流程更加便捷，受众群也愈加广泛，平台化的优势尽显。此外，应针对不同种类的跨境电商主体提供个性化与专业化支付服务，从而解决各行业与第三方支付平台之间的合作问题，使得第三方支付平台的运作更加顺利。这主要可以从以下几个方面入手：第一，第三方支付机构应根据市场需求不断创新服务品类，从而扩大市场范围。同时也要根据机构内部漏洞作出相应的技术转变。第二，拓宽跨境电商贸易市场，并采取合适的销售策略，从而与银行之间形成良好合作关系。第三，通过试点先行，逐步扩大示范区域，使得跨境电商的收付资质得以提升，最终实现交易额度的提高。第四，提升跨境电商的服务质量，创新跨境电商的服务类别，放宽跨境交易的支付限制。

跨境电商得以顺利运行需要多个环节的相互平衡与制约，包括传统模式朝电商模式的转换、物流中转管理、海关查验、第三方支付管理等多个方面，由于其

业务多且杂，在法律制定与政策转化方面难免会面临多种多样的问题。国家税务部门、外汇部门、监管部门及中央银行应建立完善的监督与合作机制，使得跨境电商更加规范化与合规化。针对跨境电商运营中出现的合法性问题，相关部门应该及时发现并予以解决，必要时应借助相应的法律援助。跨境电商的资金交易是通过第三方支付平台得以实现，现有监管体系便理所当然地将监管责任交由机构本身，但是在实际操作过程中，第三方平台和监管机构的利益不同，最终会导致其扮演角色的差异，从而产生冲突，导致监管不力或监管偏差等问题。因此，监管部门应该正确认识第三方支付机构的地位，并明确规定此类机构的市场权利与义务，从而保障所有市场主体的地位有保障、任务有实施，最终创设出规范化、法治化的市场环境。

中国人民银行作为我国最大的金融主体兼监管部门，在对第三方支付平台进行监管时，首先要明确各市场主体的权利与责任，帮助政企实现联合监管，创设良好的市场环境。跨境电子商务交易涉及多个国家的交易主体，因此监管部门应该对于跨地区的情况形成一套完整且可行的监管机制，在保障信息共享的基础上实现有效监管。其次，针对监管机构的责任分配问题，管理层也应该做好协调工作，最大程度避免因职能重叠而导致的资源浪费等问题。必要时应该借助互联网系统建立公共监督平台，并对各市场主体的职能作明确划分，提升监管效率的同时保障市场顺利运行。

2. 完善征信建设，实现长期发展

随着信息化时代的到来，跨境电商征信体系建设的作用愈发凸显。跨境电商征信体系的建设既有助于该行业的健康长期可持续发展，对于数字金融在跨境电商上的运用也有显著的推动作用。跨境电商征信体系可以看作是数字金融与跨境电商之间的连接桥梁。首先，我国针对跨境电商应该逐步建立起完善可行的征信体系，并通过强有力的法律手段对跨境电商进行约束与管控，其中包括建立跨境电商第三方支付平台的入门基准，从而减少支付风险。其次，要鼓励征信市场化，在整个跨境电商行业中创设积极且正面的市场征信环境，为该行业的产品与服务创新创造契机。再次，跨境电商企业、第三方支付平台与物流公司之间应该建立起长期友好合作关系，在信息共享的基础上实现征信机制的完善。最后，要加强征信宣传，重视所有的跨境电商主体，逐步在整个行业中营造诚信氛围，保障跨境电商征信体系的建立建成。

征信体系的建立不但可以为行业运作提供良好的环境，更可以提升社会公信与企业声誉，从而使得跨境电商的市场占有率获得进一步的提高。要想建立完善的信用机制，首先需要对失信行为进行全面处理与解决，应该进一步提高失信人或群体的处罚力度，提升信用评价标准，最终维护互联网金融生态的健康运行，保障跨境电商交易全都在法律许可的范围内进行。就跨境电商企业内部运作而言，中国人民银行应该担负起征信管理的主要作用，在行业信息共享的基础上推进信息披露与管理工作。根据央行最新发布的信用调查报告可以看出，金融行业对于交易规范性的要求有了明显提高，这为互联网征信体系的建立与完善提供了支持性的环境，也使得交易双方的不法行为处理提供了思路与方法。

3. 提升数字金融创新能力，拓宽筹资融资渠道

就目前的市场状况来看，部分跨境电商企业存在着明显的信贷风险。在这种情况下，银行担保体系、各机构的担保作用就尤为重要，只有在各主体的合力之下，才能在最大程度上解决信保问题。跨境电商企业大都是轻资产，本身拥有的流动资金非常有限，这就要求银行等金融机构提供相应的担保与存货机制，并根据电商企业的现实需求提供对应类别的融资产品与服务。由于跨境电商的交易主体涉及国内外，银行应该积极推出进出口信贷项目，保障跨境电商企业在运作过程中的风险最小化与成本最小化。同时，跨境电商还具有专业化特点，因此银行等金融机构应提供多样化的数字金融服务，拓宽融资渠道以供企业选择。最后，大多跨境电商企业会在不同阶段呈现出完全不同的需求，这也对数字金融机构提出了更高的要求，金融机构应在流动资金贷款方面提供更加强有力支持。金融机构应该及时根据市场需求变化创新金融产品与服务，并对市场加以细分，从而契合更多主体的需要。数据显示，我国大多跨境电商企业规模小且资金量少，针对此类企业，应开发小额贷款、灵活贷款，以减少中小跨境电商企业的融资风险。针对消费信贷、外汇结算等业务，应开发更加多样性的财务管理机制，保障各主体的经济利益。同时，政府部门应制定符合我国跨境电商运行发展的制度，通过完善可行的标准与体系使得互联网金融更具现实意义与法律效益。

充分发挥数字金融在跨境电商行业的积极推动作用，跨境电商主要依托互联网而存在，对于线上交易的要求较高。因此，金融机构应尽快推出契合市场需要的数字金融产品，尤其要注重移动端的设定。首先，要注重数字金融服务平台的创建与管理，根据现有数字应用的服务机制，不断推出满足跨境电商需求的数字金融服务。其次，依托互联网技术，支持各大交易平台采取云计算、数字化手段对信息技术加以改良与发展，鼓励电商平台与银行、保险公司等各类金融机构达成友好合作关系，推进数字金融产品的科学化与规范化。

采用数字金融推动跨境电商的发展，对于跨境电商行业而言是一种积极的尝

试。构建科学可行的跨境电商数字金融体系是基础，进而逐渐对物流时效、融资质量提出更高水平的要求，以契合市场交易双方的现实需要，打造具有市场竞争力的跨境电商服务平台，推进跨境电商产业的长期可持续发展。

第三节　数字金融的风险及其防控

一、数字金融面临的风险

（一）大数据的真实性难以保证

大数据的真实性难以保证，会降低结果的有效性。大数据的来源很广泛，包括网上搜索、电子平台交易数据、公共平台互动等，与传统的统计数据相比较，其更加全面、及时、透明。但是在很多情况下无法判断数据的真实性，若数据出现造假，风控模型得到的结果就会与真实情况相背离，出现风险管理决策的严重失误。比如，有的融资主体为了满足贷款条件或者获得更高的贷款额度，会进行流水造假，还会出现其他个体的模仿效应，这样就会给金融监管带来困难。

（二）数字货币带来的挑战

1. 基于区块链技术的数字货币会存在去中心化的风险

数字货币大多采用的是公有区块链，在不同共识算法的影响下，不同的数字货币在货币发行与移转、货币信息记录、货币系统维护等方面表现出不同的去中心化程度。参差不齐的去中心化程度毫无疑问提高了金融监管的难度。在传统金融业态下，风险主要在金融体系内传播，并过渡到实体经济。但是在去中心化的体制下，金融风险往往是呈网状传播，传播速度更加迅速、传染范围不断扩大，这使得风险的破坏性更强。

2. 数字货币的强匿名性带来的风险

区块链中的加密算法使得数字货币具有了匿名的特性。匿名性使得监管者无法追踪数字交易的具体情况，会使得逃避税收和资本管制、进行违法犯罪活动更加猖獗，进一步损害投资者的相关利益。另外，当数字货币交易所遭到黑客攻击，大量数字货币被盗时，由于匿名性和交易活动的不可逆性，持有者无法通过包括法律在内的任何途径追回自己的财产，损失惨重，监管者面临更大的监管压力。

（三）寻求监管路径实现金融创新与金融稳定平衡的难度较大

为了摆脱外部监管约束金融机构会进行金融创新，采用各种创新型的金融工具、交易方式、金融产品等,从而获得超额利润,但是系统性风险也会相应增加,导致金融危机发生的概率增大。

政府监管部门的职责在于防范金融过度创新中可能出现的风险,保证金融市场的稳定运行,当面对金融创新时,监管部门会不断调整监管力度;但过于严格的金融监管将导致企业利润的下降。在这种情况下,监督和创新存在相互促进和相互约束的关系,会出现"创新－监管－再创新－再监管"的不断重复的动态博弈过程,创新和监管就有可能在持续的博弈动态中实现均衡,实现双方的共赢。但是目前金融创新与金融稳定之间出现了明显的失衡,金融稳定是监管者在制定政策时的优选择。政策制定者不仅要考虑实现金融市场的稳定可控,满足中央"金融去杠杆"的要求,同时也要注意保证金融创新的可持续性,还要防止对正常市场秩序造成的干扰。这种多重矛盾相互牵制的困境成为监管的难点之一。

(四)以往中心性的传统金融监管对于数字金融监管乏力

传统的金融监管主要围绕商业银行、政策性银行、证券公司、保险公司等金融机构展开,对这些金融机构的资本金、利率限制、审计和财务信息公开等方面都作出了详细的监管要求。而融资性担保公司、小额贷款公司、有限合伙制私募股权投资基金等非金融机构则不受金融监管机构("一行两会")的监管,只存在部分地方政府和行业协会等方的监管,有的甚至连自律监管也没有。在数字金融快速发展的环境下,中心化的传统金融监管就暴露出了明显的弊端,会出现由于监管覆盖存在漏洞导致监管失灵、金融风险传播几乎不受限制等现象,严重影响金融市场的稳定。

(五)混业经营模式对分业监管体制的冲击

当前我国的金融监管体系仍属于分业监管。一方面金融监管范围狭窄,过度关注金融机构市场准入条件和合法合规性,对于企业经营过程中的风险控制和问题金融机构的处理不够重视;另一方面监管部门各自为政,使得数据分散,共享机制落后严重阻碍了监管信息的可得性和完整性。

数字金融服务平台提供综合性的金融服务,同一家平台开展投资、保险等不同业务的现象很普遍。数字金融机构和产品的混业趋势,使得创新出的金融工具和金融产品更加复杂,在这种情况下就会导致监管空头和监管重叠,监管机构间相互推诿扯皮,严重降低了监管效率。因此,现行的分业监管已经不适合数字金融发展的需要,不同金融监管机构应加强合作。此外,由于数字技术的跨国界性和金融服务的全球化,监管协调已经不仅局限于某个国家内部,要建立健全的监管体系,还要加强各国间的沟通交流。

二、数字金融的风险防控

（一）中国商业银行的大数据风控

商业银行对于个人业务的传统风控主要关注征信数据，对无征信人群业务的开展受到阻碍。随着信息技术的发展和移动互联的普及，关于客户的消费、出行、通信等方面的行为类数据都可以通过淘宝、京东、美团等移动终端获取，为大数据风控提供了丰富的数据基础。商业银行智能化地将上述非信贷行为数据引入，借助大数据和机器学习等新兴算法，挖掘客户非信贷行为数据与潜在风险之间存在的相关关系，拓宽了商业银行的风控半径，丰富了客户风险画像和风险识别维度。此外，智能风控还能够捕获到银行此前关注不到或实际操作困难的信息维度，例如利用社交、设备数据和神经网络技术，能够更精准识别欺诈申请和欺诈交易等。同时，智能风控所使用的数据具有高频更新的特点，这使得商业银行可以快速捕捉客户风险特征的变化，及时调整金融决策。

商业银行在个人零售业务中，利用 AI 技术、大数据、人脸识别、云计算等对客户进行 360 度画像。而对于企业融资业务，可利用大数据等相关技术建立企业客户智能预警监控体系，由系统从外部实时获取企业的财务、诉讼、舆情、公告数据以及所处行业等方面的信息，实现对企业全产业链的监控，利用 AI 决策进行风险预警。随着银行系统数据的不断积累，还可将各种风险预警信号与事后违约概率进行关联度分析，找出企业与企业违约强相关的各个指标，不断优化银行信贷评估模型，提高决策的准确率和贷款回收率。

（二）监管科技

银行发展金融科技业务的主要方式为外部合作和单位内部孵化，支付机构则是以内部孵化为主。此外，银行金融科技资金投入相对高于支付机构，金融科技标准制度建设情况银行也相对较好，但仍有不足。从技术发展应用来看，涉及大数据的机构最多，发展也最快；涉及云计算、人工智能、分布式数据库的机构相对较多，发展速度次之；而涉及区块链、物联网、5G 的机构相对较少，发展速度也最慢。从机构类别来看，整体上银行比支付机构涉及的领域更广。银行和支付机构利用金融科技赋能最多的领域就是完善风险监控模型监测可疑交易。

三、金融风险应对政策研究

实体经济的发展是国家财富和价值的源泉，也决定着金融风险及其成效。化解金融风险要以推进实体经济为基本着力点，解决目前我国实体经济"脱实向虚"

的问题，同时还要兼顾发展和安全，从构建横向金融体系、增强商业银行化解风险能力、强化资本制度管理、完善金融监管等几个方面开展工作，加快建设现代化国家经济理论体系。

（一）大力发展横向金融体系

经济运行中存在两大金融体系，分别是以银行信用为基础的纵向金融体系和商业信用为基础的横向金融体系。对于实体经济而言，构建内生的横向金融体系可以给予其更多的动力，获得更多的发展机会。

（二）着力提升商业银行精准管控能力

构建横向金融体系，离不开精准管控能力的保障。一要维护商业银行资金流动性和权益，严守资本充足率底线，将商业银行贷款能力控制在资本保障范围内，严防恶意逃废债行为；二要促进中小商业银行兼并收购，提高范围经济和规模经济功效；三要鼓励商业银行进行业务创新，根据实体经济的需求和金融市场的变化，不断探索科技成果转化过程中的贷款机制以及知识产权质押融资，提高经营效率和资产质量。

（三）坚决落实资本管理制度

资本制度是市场经济的信用管理体系的基础，资本法治是市场经济的信用管理体系的机制。无论遏制各种逃避债务、无序投资以及资本无序扩张，还是防范市场扩张下的债务风险，保护债权人权益，都需要坚决落实企业破产制度和资本制度。

（四）加快机构监管向业务监管转换

为提高社会各界和媒体对金融业务的监管水平，完善金融统计，规范财务数据公开机制，实现金融监管对金融活动的金融风险，需要加快金融监管重点由机构监管向业务监管转换，可以建立常态化联席会议制度，针对各种交叉和高频金融业务金融风险的形成机制、传导机制和扩散路径，控制资金总闸、精准施策。

第四章　数字经济时代的人才培养

第一节　数字经济时代的人才发展

一、我国数字经济时代的人才现状及面临的挑战

随着数字经济产业的蓬勃发展，人才队伍持续壮大，各级政府越来越重视数字经济人才发展情况，分析数字经济领域中高端人才（以下简称为"数字经济人才"）的发展现状及意愿、未来就业机会、应届生和海外人才发展状况等，旨在帮助政府、企业、求职者进一步了解数字经济人才现状。当前，我国数字经济构架体系已基本建立，各级政府相继出台数字经济相关政策。数字经济人才作为数字经济发展的重要支撑，各地对数字经济人才的培育也如火如荼，高校新开人工智能、大数据和物联网等新兴专业。

（一）我国数字经济时代的人才现状

伴随着互联网新动能的出现和数字经济的崛起，构建人才价值共同体日益成为互联网领域实现实体经济与虚拟经济无缝衔接和高效融合的战略共识。以需定供、以需调供、以需引供催生了按需经济模式下新技术新业态的革命性创新和历史性突破。与此同时，分享经济已成为数字经济的最大亮点，在互联网领域如何集聚各类高端人才、创新前沿科学技术、扶持新兴产业形态、培育全球领军企业，已成为我国增强国家核心竞争力的行动目标。

1. 数字经济新增就业机会

互联网在全球技术革新和产业变革浪潮中，不断孕育出新的生产方式和消费模式，深刻影响了人类社会的生活愿景。作为世界上网民数量最多的国家，中国拥有网民数量达10.79亿人，互联网使这个"自行车上的国家"从"车轮上的王国"逐步转变为"网络上的王国"。互联网的发展在极大提升人类互联互通能力的同时，带领中国走进了崭新的数字经济，同时也加剧了新一轮的人才竞争。

数字经济激发人类智力，提高人们的认知水平，促进生产能力的大幅跃升，

引发产业结构变迁,对就业的带动作用十分明显。行业的快速发展和向其他行业的不断渗透,互联网人才广泛存在于社会生产生活的各个行业和层面。互联网人才的概念与内涵在互联网技术和商业模式的瞬息万变中不断更新。所有以互联网为工作对象或载体,从事互联网领域相关工作或具有互联网相关技能的人都应该视为互联网人才,其涵盖范畴既包括以创投人员、企业家等为代表的战略决策者,也包括高等院校、科研院所中的科学研究者,还包括研发企业中的工程师、数据管理员等技术工作者和行政总裁、产品经理等经营管理者。

2. 数字技术提高人们的收入水平

技术进步对社会各个层面的点滴影响,人类文明的成果以可以接受的方式融入社会、造福社会。社会的现代化要求管控手段和思想的现代化,技术赋能于人,单个人的力量越大,思想越丰富,社会作为所有人的总体理应更发展、更成熟和更可控。毕竟,科技进步是推动人类社会向前发展的终极力量之一。从中国目前的发展阶段来看,原始的社会资本积累已经完成,中国社会正在经历漫长的消费升级过程,富裕起来的国民正在从基本的衣食住行需求向更高级的需求转移。新一代的技术进步将极大润滑这一矛盾丛生的过程,与社会的总需求变化是一致的。

3. 数字技术对就业的影响

通过对就业生态的调研,可知大部分从业者倾向于选择固定职业,最向往职业排行榜的前三职业为金融、IT/互联网与教育培训行业等与数字经济联系较为紧密的行业,而对副业与跳槽的态度则大多持支持或无所谓态度,则可能与数字经济下出现的自由职业、多重职业、兼职、斜杠青年等新就业形态息息相关。

(二)我国数字经济时代人才面临的挑战

数字技术的进步对整个社会福利的影响无疑是巨大的,特别是类似于移动互联网、云计算、大数据这样的通用技术,在整体上推进人类文明大步向前的同时,往往带来经济外部性的甜蜜烦恼,互联网人才的全行业紧缺程度持续加剧,行业间人才供需存在结构性失衡。

1. 数字经济重新定义人才管理

人是经济社会发展的"第一资源",人的行为驱动了新技术的发展、商业模式的创新,进而推动了整个时代的发展。谁都知道"人"的重要性,但要做好"人"的工作,并非易事。在数字化时代,应该重新定义人才管理的传统与未来。对于中国而言,教育体制的转型,也需要顺应中国经济大转型的需求。

2. 数字技术促进就业和包容发展

依托互联网的新生代人才因网而生、因网而盛,以创新、技术和时尚为存在价值，以学历背景交叉、专业技能多元和年龄广谱分布为群体特征，他们是数字经济和分享经济时代网络空间治理的战略力量，更是重塑全球社会经济结构、引领世界现代文明变革、创造人类美好生活未来的不竭动力。

互联网正在引发经济社会各领域的深度变革，衍生出广谱系多元化的人才需求。互联网与经济社会的融合发展呈现出多样化特征：网络购物市场消费日益升级，用户偏好逐步向高品质、智能化、新品类消费转移；在线教育市场蓬勃发展，教育类资源供给渠道不断拓宽；人工智能技术驱动产业转型升级，涌现出形式丰富的生产经营模式；共享单车极大便捷个性化出行方式，形成共享经济的普适案例；网上支付用户规模呈非线性增长，互联网支付公司争相拓展潜在市场。

3. 数字经济受技术所限

数字技术的进步给人类带来的影响并不是完全正向的，技术给社会带来的深刻影响也比人们想象的复杂许多，并不仅仅体现在单纯的生产效率提升上。这些影响必然会外溢出来，动摇社会分工和分配结构。人类所征服自然的力量常常会变成一部分人以自然为工具统治其他人的力量。在庆贺科技进步取得巨大经济成就的同时，不应放弃从人文社会科学的角度对科技和社会的互动作冷静的思考。

二、我国数字经济时代的人才发展趋势

随着数字技术的不断进步，各式各样的工作都对就业和人才培养提出了标准更高的要求。工作形式也越来越多地转向使用计算机或移动设备，以在线形式进行，这些工作无疑要求求职者和教育行业顺应潮流、与时俱进，才能胜任工作或者有更大的提升空间。

（一）数字经济开启终身学习时代

科技带来的快速迭代，也让我们进入一个"终身学习"的时代。一方面，终身学习对工业时代所形成的标准化的学习方式提出了巨大的挑战。针对下一代的学习，教育的目标是让他们能够掌握更多新技术，同时在科技的赋能之下，让孩子们能从标准化学习"应试教育"的重压中解脱出来，真正做到定制化教育，按照每个孩子的特点和差异确定学习的节奏和方向。另一方面，终身学习也需要人们去持续思考学习和练习什么。对知识点本身的掌握、对零散新知的记忆，机器比人强很多。人与机器最大的区别是，人拥有学习、思考和跨界的能力，人能够构建面向未来的知识体系，而构建这样知识体系就仿佛织网一样，每个人的网都可能不同，但是一旦有了比较成型的网状结构之后，人们对于新知会有更敏锐的判断—这些新知应该被放置在网络的什么节点，又可能由什么新的关联催生出新

的想法，新的机会。这样，人们不仅有更强的学习能力，也能不断培养创新力和想象力。

大转型时代将不再沿用工业时代形成的标准化教育体系，转而推动定制化和因材施教的教育创新，同时不再强调分数竞赛，强化团队竞争。未来，全新的"工学坊"将会是一种不错的教育方式。

（二）面向未来的个性化教育改革

个性化教育改革的优势在于突破了传统教育行业存在的师资、学校等教育资源总体不足以及各地分配不均匀、家长和学校间的信息不通畅、家长对学生在学校的安全存在担忧、教学方式枯燥乏味、学习效率低下等突出问题，借助数字技术与数字基础设施，通过在线教育、智慧校园、智慧教室与智慧课堂的建设，既可实现优质教育资源跨时间与跨地区的共享，还能为学生提供真实学习场景，甚至是互动的学习体验，增加学习的趣味性、提高学习的自主性，使学习更加高效，也便于教师全面、准确、及时地获取每个学生的学习状态，准确评价学习效果。

（三）老师角色的巨大转换

教师的职能突破了三尺讲台，可以通过在线平台，学习者之间、教师之间、学习者与教师之间都可以进行充分的互动，如学生对老师的测试、作业等要求的回应，使老师获得相应的反馈与评价等信息，老师可以对学生的疑问进行解答、学生之间可以交流学习心得与经验，甚至学生可以按自己的进度选择性接收学习内容，形成了最初的"翻转课堂"体系。

第二节　提升数字经济人才吸引力

当前，我国处于数字经济转型期和全面深化改革的重要：历史机遇期，数字技术的使用不能自动引导数字能力的发展，培养新时代数字人才成为我国深化数字经济发展进程中的重要一环。

一、减少数字技术对就业的结构性冲击，提高全民数字素养

数字经济下，以互联网、云计算、大数据、物联网、人工智能等为代表的数字技术已被公认为第四次产业革命的重要驱动因素。数字技术不但会成为各国经济增长的新动能，其广泛融入各行各业，也会给传统行业的商业逻辑、组织形态

和运行方式带来深刻变革，从而改变各行业对人才的需求，进而给各行业的就业领域、就业形势、就业人群乃至整个就业生态带来革命性改变。教学技术促进就业生态演变作用机理。

"数字素养"的概念，数字素养主要包括获取、理解与整合数字信息的能力，具体包括网络搜索、超文本阅读、数字信息批判与整合等技能，从而有效区分了数字素养和传统的印刷读写能力。

数字素养的内涵在实践中不断丰富、不断完善，以适应新的时代特征。今日的"数字素养"可以被看作在新技术环境下，从获取、理解、整合到评价、交流的整个过程中使用数字资源，使得人们有效参与社会进程的能力。它既包括对数字资源的接受能力，也包括对数字资源的给予能力。

（一）数字素养是 21 世纪首要技能

数字素养的作用与意义，已经得到越来越多的国家和组织的重视。政府作为引导者和服务者，制定优惠的政策引导社会的数字素养培养，同时提供大量资金进行基础设施建设，为数字素养的培养打下了坚实的基础；教育工作者作为主要的培养者，通过科学、系统的研究制定一套合理、可行的标准，再通过多样化的课程体系加以推行；而社会组织也在这一过程中扮演着举足轻重的作用，他们一方面是政策的建议者，一方面又是独立的教育者，对政府和教育系统难以企及的部分加以积极的补充。

（二）培养数字素养的着力点是提高劳动力素质

随着数字时代技术的不断进步，各式各样的工作都对劳动力的数字素养提出了标准更高的要求。工作形式也越来越多地转向使用计算机或移动设备，以在线形式进行，这些工作无疑要求求职者拥有基本的数字素养，才能被雇用或是提升。在覆盖面更加宽泛的工作中，用人公司要求劳动力拥有基础性的计算机和网络知识，以满足工作需要，提高工作效率。

即使是日用品生产商和零售商一类的雇主，也会对销售数据做出适当的数据收集和分析工作，从而紧跟市场的节奏以保持其竞争力。在这样的背景下，这些生产商和零售商的雇员，也被要求具有一定的数字素养，能够对这些数字资源进行收集和整理，并向雇主作出有效的信息提供和反馈。因此，数字素养在新的时代下，对于提升"白领"甚至传统意义上"蓝领"的劳动力素质而言，都有着不容忽视的意义。

（三）缩小不同用户间的数字鸿沟，净化网络空间

数字鸿沟主要包括两方面：一是在数字设备和数字基础设施方面的鸿沟，二

是数字素养方面的鸿沟。相应地，加强数字基础设施建设、提高数字素养，就成为缩小数字鸿沟的关键所在。无论对于数字原住民，还是对于数字移民来说，都需要培养数字素养，提高其在数字时代综合运用数字媒体和数字资源的能力。这对于将数字鸿沟转化为数字机遇，有着莫大的意义。

在信息大爆炸时代，数字素养在社交媒体的应用领域就有着明显的价值。在社交媒体上自由表达的能力、对海量信息的鉴别能力都取决于用户本人数字素养的高下。数字素养深刻地影响着网络用户在社交媒体上的言行，决定着身份特征，决定着在当今时代不可回避的社交媒体交流中能否应对自如。

培养人们在数字媒体下的数字创造性是培养数字素养的一个良好方式，它可以帮助人们通过社交媒体与他人进行交流并追赶时代潮流，传递正确、有效的信息，识别网络上的虚假信息，维护网络空间的清朗。除了政府和企业的努力外，民众数字素养的提高也将对减少虚假信息传播起到巨大作用。

（四）变革教育以提高数字素养

数字素养正被越来越多的国家纳入其国民教育课程的体系之中，越来越多的学校将数字素养的培养作为其重要的教学目标，希望借此跟上加速发展的技术变革脚步。通过对学生数字素养的培养，学生的学术素养、学术能力都能够得到明显提高，此外，数字素养本身便是教育学生适应当前时代的一个重要内容。正因为这样，数字素养在教育领域的作用还体现在教育体系本身便要求教师具有足够好的数字素养，如此方能教给学生获取资源的方法并传递给学生数字资源。除了学校教育以外，社会组织也承担着教育的责任。在数字时代，作为社会重要信息枢纽的图书馆逐渐开发出越来越完善的数字图书馆环境，也发挥着数字素养教育的职能。

为了提高全民的数字素养水平，一方面，政府要与各方合作，开展面向全民的数字素养教育。另一方面，要全面强化学校的数字素养教育，提高学生的数字能力。尤其是针对在校学生，可在中小学甚至幼儿园普遍开设网络和计算机课程，使数字素养成为年轻一代的必备素质，并通过在大学举办竞赛、集训营、校企共建课程等方式培养数字技术高端人才。

（五）提升数字素养的有效措施

数字技术对劳动力市场造成的结构性失业冲击，不仅关系到国数字鸿沟与贫富差距问题的解决，甚至会影响一国整体的数字经济发展水平。

首先，政府要与各方合作，开展面向全民的数字素养教育，特别是针对下岗失业、残疾人员等不适合固定场所就业的特定人群，可通过提供相应的数字素养培训和职业技能培训，协助其向数字经济领域转岗就业。

其次，要全面强化学校的数字素养与数字技能教育，在中小学各阶段开设网络和计算机基础知识、基本技能、人工智能等课程，使数字素养成为年轻一代的必备素质，在大学开设各种与数字技能有关的校企共建课程，通过举办各种技能竞赛、创业集训营等方式培养数字技术高端人才。

再次，借助数字技术打造各种就业、创业平台，持续降低创新创业的门槛和成本，支持众创、众包、众筹等多种创新创业形式，形成各类主体平等参与、广泛参与的创新创业局面，为社会创造更多兼职就业、灵活就业、弹性就业机会，增强劳动者在数字经济发展中的适应性与创新性，化解数字经济对就业的结构性冲击。

最后，推进移动互联网、人工智能、大数据等数字技术在养老、医疗保障等社会保障领域的广泛应用，加快建立、完善适应数字经济发展的用工和劳动保障制度，加大对弱势群体的扶持力度，为个人参与数字经济活动保驾护航，促进数字经济发展的成果全民共享。

二、数字经济时代人才管理新思维

虽然大多企业制定了数字化战略，在数字化进程中的投入持续增加，甚至有的企业也建立了专项实验室。掌握数字化知识和技能的人才短缺成为制约许多企业数字化转型的主要障碍，特别是在经济基础薄弱、教育储备不足、人才流通不充分的偏远地区和相关行业，这一问题尤为突出。基于此，企业在数字化转型过程中，不仅需要对已有员工提供从事数字经济相关工作的职业技能培训，通过数字化人才培养提升企业数字化创新能力，也可以通过联合培养、在线教育等方式加强人才培养机制建设，从而弥补企业数字化转型过程中的人才短板并获得更大的数字化创新能力，还可以直接聘请更多的外部数字化人才，以推动企业沿着数字化技术进程快速前进。

（一）树立战略性人才思维

大数据的出现让数字化已经成为时代的新标签，数字化之于企业和人的生存而言，也许是机会，但也许会成为一种负担，关键在于，人们能否洞悉数字化的本质，以及数字化对企业和人的生存能力提出的要求。若能洞悉，数字化就是有效的，数据就会转化为有价值的信息。从本质上讲，数字化是人类科学进步的重要表现，随着数字化时代的到来，不论是企业还是个人，唯有具备更高的洞察能力，才能更好地生存下去。因此，数字化要求在管理上洞察出适应时代的精准思维。

过去的人力资源管理是按照模块来进行的，只要将各个模块分别做好就可以了，这种做法将人力资源管理作为一种职能的专业性体现得淋漓尽致。但是，今天的人力资源管理必须融入更高的洞察力，才能保证人力资源管理本身是有效的。换言之，如果缺乏这种洞察力，即便人力资源管理的各个模块做得都非常好，最后得到的结果也可能是无效的，而保证人力资源管理有效性的洞察力就是打破模块化的思维定式，将人力资源管理工作融入组织的战略价值创造链，形成战略性人力资源管理。

懂得运用数字化的企业应该在管理中敏锐地洞察到，成本必须要更具有效性。企业用人会产生成本，关键不在于这些成本的高低，而在于这些成本是否真正贡献出了价值。这是数字化时代企业管理应有的思维方式，这个思维方式的核心正是匹配。随着海量数据的涌现，再加上移动互联网的助力，看似有海量人才可以迅速呈现在企业面前，可是最后却发现人才效率并不高，原因正是违背了匹配原则。一定不要忘记，人与组织的匹配才是最重要的，既不是高配，也不是低配，而是匹配。

事实上，数字化在呈现机会的同时，也给相对独立的个体带来了一场生存危机，而要化解这种危机，不论是企业还是个人，关键在于打破个体思维，用合作的方式去迎接挑战。数字化时代的重要生存技能是洞察力，而洞察力已经渗透在人才管理的新思维中，并将这种新思维转化为有效的行动。

（二）人才管理要由"块"向"链"转变

传统人才管理，习惯上分为招聘、培训、绩效、薪酬、员工关系等几大模块。这种"分模块"的说法和思路更多的是从专业的角度考量，而非从经营的角度作顶层设计和推动。这导致很多企业的人才管理虽然有专业思想，也有很扎实的操作功底，但并不能帮助企业更好地实现经营价值，人力资源管理部也始终进入不了企业经营的核心。

由"块"向"链"转变首先要能洞悉商业的本质。商业的本质就是能领导一群有使命、有激情、有方法的人去实现商业梦想和创造未来。从这个商业本质出发，人才管理要能打造驱动商业成功的四条"链"。

1. 第一条链：战略聚合链

企业的梦想要转变为战略，战略要转变为可行动的目标，目标的落实要能保证一群人"力出一孔"。只有首先保证大家都走在正确的道路上，个人才能实现工作的价值，也才能因由一群有价值的人驱动组织实现商业成功。帮助企业实现战略澄清和目标分解，帮助员工更好地理解战略和目标，并全力以赴，达成使命，是人力资源管理工作的根本出发点。也就是说，只有帮助企业实现战略的人力资源管理才是有价值的。人力资源部在确保各部门都能聚焦战略的前提下，一定要帮助企业明晰人才管理的第二条链。

2. 第二条链：价值创造链

这条链由三部分组成。

（1）价值创造

包括几个关键点：第一，明确每个岗位应履行的职责；第二，结合职责，明确各个岗位应承担的目标，并将目标转化成行动计划；第三，保证每个人都能理解职责和目标，并在此基础上，明确年、月、周、日的重点工作和关键结果；第四，确保大家全力以赴，并建立计划、行动、审查、提升的工作闭环。

（2）价值评价

评价要实现两点功能：一是审查的功能。目标不仅仅是拿来完成的，更是拿来超越的。因此，通过比对目标和实际结果之间的差距，发现并巩固优势，明白不足并解决其中的问题，便成了评价要实现的首要功能。二是分配的功能。如果离开了利益的驱动，很多人会丧失工作积极性而流于平庸，甚至不作为。因此，评价既要保证客观，又要与分配挂起钩来。

（3）价值激励

企业是一个舞台，要让想舞、能舞、善舞的人有机会站在舞台中央，并且保证有足够大的舞台使其发挥。这就要求企业创造一个机会均等的环境，激励有能力、有业绩的人脱颖而出，创造一种新的可能。

围绕"战略聚合"而衍生的价值创造、价值评价和价值激励是企业人才管理的基本运营机制，而这一机制要能发挥作用，就要打造第三条链——人才供应链。

3. 第三条链：人才供应链

通俗地讲，人才供应链就是：招得到人、用得好人、留得住人、育得对人、储得了人。

（1）招得到人

任何岗位的人，尤其是关键岗位的人，一旦缺失，要保证第一时间能够有合适的人接替。如果人力资源部不能保证做到这一点，那就意味着人力资源管理的失败。

（2）用得好人

用得好人最重要的一个衡量指标是人均产能。如果非常优秀的人因为企业内在环境影响而变成了一个平庸的人，甚至是制造内耗的人，那么，这样的人才管理就是失败的。

（3）留得住人

组织内良性和高效的运作无疑是由一群高默契度的人通过团队协同而取得的。人和人之间高默契度的形成并非朝夕之功，而要靠长期的磨合。因此，任何一个组织都要想尽一切办法留住人，尤其是那些身处关键岗位的优秀人才。

（4）育得对人

一个有竞争力的组织，其标志之一是能让平庸的人变成优秀的人。这样的转变当然离不开企业的培育，但是培育有效的前提是首先要确保选对人。对于一个天生擅长技术的人才，企业哪怕用尽洪荒之力，恐怕也很难将其培养成一个出色的管理者。

（5）储得了人

关键岗位的人才储备越多，企业的人才供应链越能显现战略价值。当然，人才储备不仅仅只在企业内部进行，也要做好在社会储才等相关工作。

以上是关于人才供应链的简要概述。人，最重要的是能够用心，否则很难保证个体绩效与组织绩效的提升。从人力到心力，仅有机制是不够的，还要有好的价值观引导。由此，第四条链就务必要做好做实。

4. 第四条链：文化和谐链

（1）价值观的塑造

价值观不是忠诚、责任、创新、超越诸如此类的同语，而要充分考虑企业的发展现状和行业特性。例如，初创企业突出的是"奉献"，成熟企业突出的是"创新"；互联网企业强调"快"，制造企业强调"匠心很多人都在说，企业文化是老板文化"，"从群众中来，到群众中去"的价值观塑造方法更能打动人心，深入人心。

（2）制度的契合

有些企业的价值观强调"尊重人"，但考核制度的设计都是"达不到目标就扣工资"，非常简单粗暴，则这样的价值观很难影响到人的行为，也就无法引领人形成好的心态。由此可见，制度的审查是必需的，通过审查，一旦发现有违背价值观的，就要坚决改正。只有做到言行一致，价值观才能深入人心。

（3）管理者的表率

价值观的落地，首先是靠管理者做出来的。因此，对管理者的提拔、任用和考核，价值观应该是最重要、最核心的衡量准绳。与价值观不相匹配的人员，哪怕能力再高、业绩再优秀，都不能将其选拔到相应的管理者岗位上。

（三）数字化时代的人才供应链打造攻略

在确保企业发展方向正确的前提下，均衡而高效的人才供给，以及组织能力的提升，将会成为关系到企业战略实现和企业经营成功的重要因素。因此，打造人才供应链系统，构建全面人才管理体系去满足企业发展的需要，成了各企业的当务之急。人才供应链如何打造，务必要按以下五个步骤进行。

1. 第一步，建立人才标准

这既是基础，也是核心。人才标准的构建应从三个方面、五个维度着手。

（1）人与组织的合，建立第一个维度：人与组织价值观的匹配。（第一维度）

（2）人与岗位的合，要从三个维度去观察：第一，人的职业兴趣与岗位的匹配；第二，人的专业知识与岗位的匹配；第三，人的应用技能与岗位的匹配。（第二、三、四维度）

（3）人与人的合，这方面要重点观察的维度是人与上级的匹配。（第五维度）

2. 第二步，进行人才盘点

人才供应链中的人才盘点在于发现牛人、胜任者、高潜力者和需要退出者，以便进行人才激励、人才培育、人才规划等专业决策。在人工智能时代，企业要学会应用智能化的云端人才盘点系统，用人工智能来替代或补充传统的人工操作，以便实现精准识人。

3. 第三步，做好人才规划

要结合企业的发展规划，做好人才规划，尤其要能预判企业关键岗位未来的人员需求和变动情况，至少要作出对未来三年内的人才需求预测，这样才能从容应对企业的人才需求。如果不提前准备，等到需要人的时候才去着急忙慌找人，往往是找不到人的，特别是高层次的人才。而且，这样匆忙找人，质量是很难得到保证的。

4. 第四步，布局人才渠道

要从内外两方面去布局人才的供应渠道。内部要通过发掘高潜力人才，做好人才接替以及人才培养，保证人才供应。外部要和猎头、人才供应机构、高校等建立长期而紧密的联系，甚至将触角直接延伸到竞争对手企业。当然，在数字化时代，构建人才线上交流圈等方式非常有效，也是职场新生代比较喜欢的一种方式。

5. 第五步，优化人才环境

通过优化人才环境，一方面能激励人才更加高效地开展工作，提升组织效能；另一方面，人才环境的优化可以让同事之间的相处更加简单和融洽，从而提升职场幸福感，让更多的人愿意留下来，为企业的发展长期效力。

只要按照上面所讲的五个方面坚持不懈地努力，就一定可以实现源源不断的优质人才供应，帮助企业实现可持续发展。

（四）人工智能重塑传统人才管理理念和技术

在移动互联网时代，通过人工智能，这一切都会发生颠覆性变化。未来校招的场景是这样的：在招聘季节，企业可将自己的宣传视频、招聘岗位的需求和要求等相关信息，在各目标高校的网站或第三方招聘平台进行即时发布。而在校学生登录网站，即可一站式了解感兴趣的岗位及相关企业的情况，并远程进行简历投递。企业收到毕业生的简历后，可发布相关测评工具对毕业生进行在线测评，并由人工智能依据大数据自动筛选出与岗位最匹配的应届毕业生，双方进行精准对接。

1. 智能化用人

用好人的前提是识人。当前很多企业因为识人的偏差，往往会犯诸如将技术型人才用到管理岗位上的毛病，导致产生了一批平庸的管理者，却牺牲了一批技术型天才。识人会产生偏差大多是因为凭经验、凭感性看人。

如果应用人工智能识别人，系统就会自动根据大数据的运算结果，非常理性地给出人才与岗位的匹配意见，让用人主管理性地发现每一个人的长处，用好每一个人，真正做到将合适的人放到合适的岗位上。

2. 智能化育人

育好人的第一步是帮助大家实现更好的自我定位，明确适合干什么，不适合干什么；第二步，将合适的人匹配到合适的岗位上；第三步，明确岗位与人的各项能力的差异；第四步，因材施教，缺什么补什么；第五步，明确发展路径与学习地图，使每个人都能逐步走向优秀。

在人工智能时代，上述每一个步骤都可以通过对大数据的分析和计算，由系统自动给出相关的结果和实施指引，从而大大提高用人主管在育人方面的有效性。

3. 智能化留人

事实上，留人的根本在于企业能不能保证人在工作期间始终保持心情愉快，并由此产生一种发自内心的幸福感。在此基础上，讲待遇、讲事业才会对留人产生根本影响。

会疏解压力的人，通常都比较快乐，生活和工作质量也较高。要疏解压力，就要了解压力的来源。但现实中，相当多的人不知道自己的压力来源于哪里，更遑论用对应的方法去疏解。如果内心的压力越积越多，人就不会快乐。一旦不快乐，对所处的环境便会产生厌倦，从而萌生退意。显而易见，这些与待遇、感情、事业都没有任何关系。因此，找到人的压力来源，并用对的方法去疏解它，是企业留人非常管用的招数。

4. 智能化储人

人才池是企业发展重要的奠基石，池里人才储备数量的多少，尤其是关键岗位人才储备数量的多少，将直接决定企业竞争水平的高低。很多企业人的人才储备工作主要局限在本企业内部，并出现了无才可储，或储好的人才最终跳槽等弊病。近几年出现的第三方智能储才系统，有效地帮助企业解决了以上困境，并将储才的触角延伸到了企业之外，使企业实现了广储社会之才。

智能化储才系统将运用各种途径和方法吸纳天下英才入库，并结合云端智能测评等技术手段，综合各类数据分析后进行分类。企业一旦有人才需要可随时登录系统，系统将按照企业的岗位要求，自动从人才库中匹配最合适的人才供企业精准选择"一站式"解决企业对人才的需求。

在人工智能时代，除了选人、育人、用人、留人、储人全方位实现智能化运作之外，各种信息化系统也将帮助企业实现智能化的员工考勤管理、绩效管理和薪酬管理等。

企业人才管理水平的高低取决于各层级管理者在这方面愿不愿意作为，以及如何作为。那么，怎么让管理者像开展业务工作一样娴熟地操作好人才规划及人才的选、育、用、留、储呢？很多企业对此束手无策，因为没有好的工具让管理者去使用。人工智能的出现将极大地帮助管理者在人才管理方面取得成功，进而改变组织的人才管理运营生态，提升人才管理水平，驱动组织发展。

三、数字技术助力中国人才教育腾飞

发展数字经济离不开专业人才，而人才的培养离不开教育。随着数字技术不断向教育领域融合渗透，在线培训、远程教育等数字化教育形式不断涌现，随着教育行业数字化技术投入的不断增加，未来更加个性化与互动化的教育新模式、新形式也会纷纷涌现，这必将会给存在诸多弊病的现行教育行业带来更大的冲击与改革的良好契机。

（一）各国普遍重视智慧教育发展

中国教育长期面临着资源分配不均、投入产出失衡、素质教育水平较低等困境，在国家政策的大力支持与引导、数字经济的催生与带动等众多因素的作用下，数字技术与教育领域逐渐融合渗透，数字教育新生态雏形逐渐显现。随着以大数据、云计算、AR/VR 为代表的新技术应用获得群体性突破，政府也出台系列政策文件鼓励数字教育发展，随着越来越多的互联网公司进入教育领域探索在线教育发展模式，移动数字教育平台与应用也不断兴起，特别是数字直播教育与传统教

育的结合推动着教育方式的不断创新。数字教育的发展不仅在优化教育资源配置、促进教育公平方面作出贡献,而且在尊重学生个体差异、丰富学科内容、满足学生个性化教育需求上也可发挥作用,更有助于突破学生学习时空限制,不断加快教育教学方式变革的进程。

(二)数字技术带动我国智慧教育发展浪潮

虽然全球各国物质资源禀赋、经济发展水平、教育普及程度、基础设施水平等存在差异,教育发展水平也良莠不齐,但随着数字技术在教育领域的蔓延,全球范围内兴起了教育数字化转型与智慧教育改革的浪潮。

智慧教育是在各级政府主导作用下,由各层次学校和各类型企业参与共建的、具有教育与数字化双重属性的现代化教育服务体系,其本质就是通过大数据、云计算、物联网、人工智能等数字技术与手段,实现教育资源与信息、知识的共享;还可促进教育管理者和家长之间的信息自由流动与沟通衔接,提升教育管理效率,助力美好、安全的校园环境建设。

第三节 数字经济时代企业人才管理智慧转型探析

一、数字经济时代与企业人才管理智慧转型

在数字经济时代,市场日新月异,产品迭代、产业转型十分迅速,一些重复性工作与单一性工作逐渐被人工智能技术替代。企业的数字化运营势必要求人力资源从胜任工作转向创新技能,人力资源管理机制建设必然从基于职位走向基于能力,最终走向基于价值创造的智慧管理。唯有通过制度创新构建"知创型"企业,才能让企业在数字经济时代创造更多的价值、获取更多的利润。

在数字经济时代,企业的核心竞争力已从产品、资源向数据转变,数字成为企业的战略资源,数字人才则越来越成为企业最宝贵的资源,这对企业人才管理提出了更高的要求。分析企业人力资源管理智慧转型面临的障碍,从聘用制度、培训教育、激励使用、晋升通道、文化氛围等方面构建符合数字人才特点的管理流程,以求助力企业吸收并用好人才,使企业在数字时代再创辉煌。

二、企业人才管理智慧转型面临的障碍

数字人才是具备数字技能的人才,沿着产品的生成到服务这一价值链,首先

是数字战略管理者，支撑着企业管理数字化的实现；其次是具备分析能力、能够发明创造新事物的高端人才，包括从事数字研发、数字化运营、智能制造和数字营销等多元数字技能人才。数字人才作为新时代人才市场上的主力军，在"数智时代"来临之际，已然是企业发展的中坚力量。人力资源管理的精髓是以人为本，只有挖掘和分析阻碍企业人力资源管理智慧转型的障碍因素，找出症结所在，才能进一步推进企业人才管理智慧转型。对影响企业人力资源管理智慧转型的原因分析如下。

（一）智慧转型意识不强

数字经济时代，企业需要面对来自全球的合作对象与竞争对手、客户需求多样化所产生的新产品以及技术革新所涌现的新工艺，这一切均使得企业面临更多的机遇与挑战。在这种情况下，传统的组织管理模式已经无法适应新的形势要求，如何利用数字技术提升自身生存和竞争能力成为企业当前必须面对的现实问题。技术推动和需求变化促使传统企业必须进行智慧转型升级，同时也要求企业人力资源管理进行创新转型。可是，受传统思想影响，企业管理层多采用专制型或家长型领导模式，依靠法定权力对员工施以僵化的领导，再加上管理层对大数据概念比较陌生，思维陈旧，未必能够认识到企业智慧转型的价值，难以适应企业内部运营模式的转变，使得员工无法迸发出新思想，企业也无法招进有创新理念的员工。

（二）科层组织信息不畅

数字化时代，企业外部环境快速变化，企业管理者必须以生态化思维来思考组织的变革和人力资源管理问题，"数字一代"的崛起使得人与组织的关系由雇佣转变为互利共生。数字化不仅是技术变革，更是认知重构。在数字经济时代，人力资源管理机制只有是扁平甚至互通的，才能适应时代的发展。可是，企业在规模扩张过程中染上了层级过多、组织冗余等"大企业病"，管理成本增加，人员劳动关系复杂，传统管理模式中的科层关系决定了个人与组织之间是命令与服从关系，死板的管理风格会在一定程度上扼杀创新性，为未来的人力资源管理智慧转型留下隐患。再加上在科层组织模式下，传递信息缓慢或者失真，造成决策失误、无法调动员工积极性、智慧转型方案无法落地。缺少纵向沟通，会影响工作方向；缺少横向沟通，则会降低企业效率。改变结构固化、角色固化的人力资源管理模式已经迫在眉睫。

（三）智慧转型协调困难

企业的人力资源管理智慧转型工作需要各部门之间的协作与配合，但是，传统的组织形式是不同部门"各管一摊"，很容易形成固定的利益格局以及官僚主义，使得信息流通不够顺畅，员工不能快速对需求变化作出反应并且创造价值。而且，由于企业生产系统、营销系统、财务系统和人事系统各自独立，随着企业在不同地区的市场开发，人事系统的软件和基础设施均要全部搭建，常导致信息不能实时反馈给企业的"大脑"，因而进行不同业务板块的数据挖掘困难较大。

（四）平台搭建成本昂贵

在数字经济时代，企业人力资源管理战略的制定从以往依托企业家的前瞻性，转变为更多地依赖员工个人资料、业务流程再造及企业结构变化等人力资源数据信息。新时代企业人力资源战略面对的首要问题是建立系统化、规范化的数据管理系统，将相关数据资源进行有效的整合，用数据支撑起人力资源管理体系，这有利于提升人力资源战略决策的科学性，可以使企业更好地适应瞬息万变的数字经济环境。可是，企业在搭建人力资源信息管理平台时，要承担购买软件以及相关设备的费用，每年还需要另外支付维护设施及应用程序的费用。这些工作需由企业数字技术人员和相关业务人员、企业管理层等多方合作完成，其时间成本、人工成本都十分高昂。

（五）管理模块固化严重

新生代人才呈现出与前几代人大相径庭的特征。在人力资本层面，新生代员工最大的特点就是教育背景好、知识存量多、聪明能干、精力旺盛、标新立异、追求挑战，具备较强的创新性与自我实现的欲望。就心理资本而言，新生代员工的最大特点是个性多样化，存在沉溺于虚拟网络的特点，遇到困难易产生焦虑情绪，一旦从工作中获得的成就感与现实利益低于心理预期，就很容易另谋他就。就社会资本而言，新生代员工具有自我中心、社会化程度低的特质，需要组织构建沟通渠道，以利于工作中的信任与合作关系建立。可是，企业人力资源管理中的招聘、培训、绩效考核、晋升提拔、文化管理等模块分别由不同的人力专员负责，人力资源管理人员就如同流水线上的操作工，在各自岗位上机械化地重复程序性工作，各个模块之间运作固化，信息不能实现共享，运作效率低下，与新生代员工更具有工作自主性、对个性诉求和个人潜能的发挥要求强烈的特点格格不入。

三、数字经济时代企业人才管理智慧转型的路径

在数字经济背景下，人力资源管理将依托先进的技术平台，及时处理人才信息，实现人力资源管理科学化、规范化、高效化的智慧转型。为了克服企业人才管理智慧转型中的障碍，避免数字人才断层，人力资源管理部门应借助大数据的支持，

在招人、育人、用人、激人、留人、润人等方面提升智慧管理能力，保障企业在数字经济时代实现可持续发展。

（一）招人：实行线上线下招聘，提高人力资本质量

针对智慧转型协调困难的问题，企业应通过大数据搜集企业优秀员工相关数据，建立岗位胜任模型，制定科学的人力资源发展规划，以有效规避"千里马常有，而伯乐不常有"的现象。企业在招聘人才时，既可以通过面试、笔试对人才进行基本素质考察和求职动机分析，又可以通过大数据对求职者的教育经历、任职经历、性格特点等作充分的了解，采取人工招聘与APP软件平台相结合的方式来提升招聘效率，解决企业壮大后人员的合理调配与有效利用问题。基于大数据的综合分析招聘法，能够瞬间完成数据信息的搜集分析并呈现出可视化结果，实现信息的精准匹配与投递。这种人才招聘模式可以节省筛选甄别、合理调配人才的时间，使企业人才招聘的成本大大降低，让"对的人"做"对的事"。

值得一提的是，在新生代员工聘用中应注意如下三点：一是针对新生代人才抗压能力较弱这一特点，可以对应聘人员的耐挫力等逆向进行考核，并对其创造力进行预判。二是按照兴趣和能力为员工匹配合适的工作岗位，让员工对自身工作有一定的决定权，这有助于员工充分发挥自己的能力与水平，实现价值创造的最大化。三是企业可以通过在线协作平台为"拟入职者"提供虚拟工作场所与现实工作预览，增加员工与企业间的相互了解与认知。

（二）育人：完善培育体系，实现人力资本增值

数字时代的企业应不断赋能员工，通过相关的知识培训、技能培训更新员工知识。唯有拥有大量高水平的员工，企业才能占领战略竞争的制高点；唯有搭建人力资源信息管理平台，才能使企业人才保持接受新事物与新技能的能力。对于一般员工，可以利用大数据技术分析员工现状，主动与员工讨论培训课程与成长计划，定期组织线上与线下相结合的知识技能培训，创造丰富多样且极具针对性的培训方式；对于技术研发人员，可以通过开展"头脑风暴"促进思维的碰撞，引进开发员工创造力的相关训练项目，让员工在创新活动中锻炼创新思维能力。对于企业管理者而言，他们是企业发展的策划者和推动者，对外代表企业形象，承担着宣传和信誉担保的作用；对内代表企业精神，对全体员工起着凝聚和向心的作用。因此，他们需要充分了解数字经济时代的基本特征与发展趋势，转变思想、自我驱动，使自己具备较强的数字化管理意识、信息化操作与应用能力，从而推动数字信息平台的有效运作。同时，企业管理者不仅要关注自身成长，还要能识别出每个人的长处与短处，通过优化合作关系，帮助每一位员工获得成长。

（三）用人：搭建考核平台，优化人才考核方案

在传统管理模式下，加强管控是组织在稳定环境下获得高绩效的关键，而在数字化时代，新生代员工看重的是工作赋予的价值是什么、附加值有多高。为了反映员工的真实水平和工作能力，企业对员工的考核不应局限于考勤制度，而是要创新绩效管理体系，看重员工对组织的贡献，而不是"磨洋工"式投入。

搭建云考核平台，可以实现绩效考核智能化，有效地解决科层组织信息不畅的问题。数字链接使绩效评价方式更为智能化地连接企业各部门、顾客、供应商，与不同的利益相关者进行即时连接，可以保证管理信息系统中的信息高效传输。云考核平台能够参考顾客评价、员工自评以及员工互评等，对员工实施360度的评价，使年终考核更加科学公平，避免管理者因"近因效应"而对某些员工"心软"，提高数据信息的可靠性和考核结果的准确性。

通过云考核平台，员工不仅能够查看自己的绩效，还能够查看绩效考核依据。对自己的表现做到心中有数，实现人与组织的互利共生。云考核平台通过构建员工互动渠道，让员工参与绩效考核，并且以大数据所采集的信息为依据，不断优化考核方案。此外，企业还可以通过大数据模型对员工现状进行调查，定期评价员工的工作行为，了解员工的工作成就感与幸福感，鼓励员工充分发挥内在潜能，创造出高质量、高效能的业绩

（四）激人：构建激励机制，鼓励人才多出成果

鉴于新生代员工思想活跃、个性张扬的特点，为了实现企业与员工的双赢，保证人才资源与企业的战略发展相适应，企业人力资源管理人员需要权衡物质与精神、底薪与绩效、个体与团队、工作与生活等多重关系，方能摆脱人力资源管理各模块分兵把守的现状，从而激发出员工的工作热情与创新能力，为企业的可持续发展提供强有力的人才支撑。

第一，物质与精神呼应。除了物质上的奖励，企业还需要在精神层面激励员工，让员工理解企业精神，对其思想观念进行正确的引导，提高其组织忠诚度。此外，企业还可以通过增加更多的自由工作时间、增添更加灵活的办公场所来提升员工的工作积极性。

第二，底薪与绩效兼顾。在数字化时代，可以通过统计分析确定诸如业绩、行为及工龄等指标的权重，综合核算员工薪酬；还可设计员工持股计划，将员工与企业兴亡绑在一起，最大限度地发挥员工的主动性，保持员工积极创新的热情。

第三，个体与团队融合。大数据可以动态实时、真实准确地反映出员工的工作状态。企业在推动人才自我驱动、自主管理的同时，还应将个体与团队的关联

作为分析重点，力求掌握个体人才成长变化及其在团队中的地位，将所有资源聚合起来，提高个体的团队协作能力。

第四，工作与生活平衡。面对新生代员工因时代巨变而产生的焦虑情绪，企业管理者应努力营造和谐氛围，打造宜人的工作环境，给予员工弹性的工作时间，使其以积极状态平衡好自身工作与生活的关系，进而充分发挥出自身价值。

（五）留人：疏通晋升通道，实现人才良性流动

未来工作自我清晰度是人力资源管理中出现的一个新观念，如果员工对于自己未来发展是明确的，工作参与度自然会提升。新生代人才受教育程度高，接触信息丰富，渴望被平等对待。为此，企业应贯彻同员工共成长理念，给予员工明确的职业发展方向与成长路径，营造能者上、平者让、庸者下的"赛马"环境，使员工与组织同呼吸、共命运，实现双方价值共生。

新生代员工不仅希望通过工作获得经济收入，还希望获得工作意义和精神满足。也就是说，员工不仅追求生理与安全等较低层次需求的满足，而且追求自我实现的高层次需求的满足。因此，可以通过鼓励"内创业"的方式，将一些项目或者业务交给有创意的员工去执行，给员工提供自主改善工作模式的机会，让他们感受到被信任和被尊重。这不仅可以满足员工的创业欲望，也能提高员工的参与感、责任感与归属感，有利于发挥员工的主人翁精神，进一步增强企业的凝聚力。

企业管理者要尊重员工的个性，鼓励员工对现有的流程、制度进行讨论，倾听员工对工作中存在问题的建议，不能因为员工的想法不合己意就大加斥责，更不能因为怕挫伤员工积极性就假意逢迎，对员工的创新活动要做出实事求是、合情合理的评价，对员工的不足之处要进行及时的修正与补充。当员工感到被重视、被倾听，意识到自己的观点能引起管理者的重视，并有一种志同道合之感时，就能够发挥出自身的最大潜能和创造力，产生高昂的工作热情，不断提高产品质量，更好地服务客户

（六）润人：拓展沟通渠道，营造包容文化

第一，搭建沟通平台。在数字时代，人才思维开阔、信息丰富。为了提高人力资源管理的效率和质量，需要在企业内部搭建一个数字化的无障碍沟通平台，在这里，每个员工既是知识的提供者，又是知识的需求者，可以平等开放地交流，充分展示自己独特的见解和创新想法，切实感受到自身是企业重要的一分子，可以较好地消解由于个别管理者思想僵化所导致的问题。当员工发起讨论主题时，其他人可以为其提供所需信息，无形中把这个平台变成了信息沟通和知识学习的社区，快速提高了信息的传播速度，每个员工均可通过此平台吸收新思想，从而

极大地激发了员工的创造力。

第二,构建包容文化。企业文化即企业员工所共享的价值观念,自由灵活、开放包容、团结互助的企业文化一旦为员工所信服,不仅会让员工和谐相处,更会激发他们的想象力和创造力。这就要求在企业文化中注入创新基因,营造鼓励学习并容忍失败的文化氛围,包容新生代员工个性张扬、不拘一格、敢于尝试的特质,了解其行为动因与价值诉求,将企业价值观内化为新生代员工的行事准则,达到对员工有效管理的目标。

第三,鼓励参与管理。面对崇尚尊重、平等与自由的新生代人才,企业管理者应采取参与式管理,让员工有被重视之感。要多关心了解员工的实际想法,及时知晓并疏导员工的消极情绪,让他们感受到家的温暖,拥有创新的动力。此外,还可通过开设自由发言论坛、领导对话窗口、反馈意见通道等方式来构建和谐的员工关系,使员工自愿参与公司决策,而非制定各种制度来逼迫员工参与。同时,以兴趣为基础的非正式群体是联系员工的纽带,关注以兴趣圈层为导向的员工关系管理,有利于培养员工的合作意识增强员工的归属感。

第五章　数字经济制度体系的构建

第一节　数字经济制度理论和学界成果

马克思社会基本矛盾运动原理，对数字经济领域的研究具有指导作用。同时，新制度经济学的制度变迁理论等，也对数字经济制度体系构建的研究有解释力。

一、马克思主义政治经济学视角：社会基本矛盾运动原理

经济制度是生产关系的总和，由社会生产力发展的状况决定，并决定政治制度和社会意识形态。数字经济制度是由数字经济生产力的发展状况决定的、在社会中占主要地位的生产关系的总和。作为以强制力作为保证的正式制度，数字经济制度构建了数字经济系统的基本框架。

矛盾运动是推动社会历史前进的根本动力。没有矛盾就没有世界。基本矛盾贯穿事物发展的全过程，规定着事物发展的基本性质和基本方向。马克思洞察了人类社会的基本矛盾是生产力与生产关系、经济基础和上层建筑之间的矛盾。社会的物质生产力发展到一定阶段，便同它们一直在其中运动的现存生产关系或财产关系发生矛盾。随着经济基础的变更，全部庞大的上层建筑也或慢或快地发生变革。要勇于全面深化改革，自觉通过调整生产关系激发社会生产力发展活力，自觉通过完善上层建筑适应经济基础发展要求，让中国特色社会主义更加符合规律地向前发展。

生产力体现人和自然的关系，是推动社会进步最活跃、最革命的要素，生产关系体现人和人的关系，两者互相作用和制约。生产力决定生产关系，生产关系反作用于生产力。生产力发展到一定阶段，之前与其适应的生产关系可能不再适应生产力的发展，从而被更适应生产力发展的新的生产关系取代。生产关系要适应并促进生产力的发展。生产关系的总和构成经济基础，上层建筑由经济基础决定并反作用于经济基础。当生产关系发生变化时，作为生产关系总和的经济基础

也会要求上层的政治、法律制度和意识形态作相应的变化。

以巩固和完善经济基础，促进生产力发展。马克思、恩格斯关于资本主义社会基本矛盾的分析没有过时。马克思揭示的社会基本矛盾运动原理没有过时，它依然决定着社会发展的总体进程和基本趋势，但其表现形式已有了新变化和新特征。生产力、生产关系（经济基础）、上层建筑相互作用及相互制约的矛盾关系，也影响、适应和指导数字经济的运行领域。数字化的知识和信息作为生产要素，与资本、劳动一起，共同推动数字经济生产力的发展，不但解放和发展生产力，而且推动生产关系和经济基础的重构，推动数字经济制度等上层建筑发生变革，促进数字经济制度体系智能化、全域化、多元化和精细化水平的提升，推动数字生产力的发展。

技术是建立秩序的重要方式。通信和电报的发明，带动了每一单个人可以获知其他一切人的活动情况，并力求使本身的活动与之相适应。互联网、大数据、人工智能、物联网、区块链等信息技术也具有类似作用，这一构想在那个特定时代，预见了当前和今后信息技术的图景。信息技术对社会的影响不仅仅作用在生产力领域，对世界范围的生产关系也产生深刻影响。

马克思对制度的洞察，主要体现在对"生产资料所有制""财产制度""土地制度"等概念的运用上，体现在对经济基础和上层建筑的辩证关系阐释中，是生产力和生产关系互动的反映，主要包括经济制度和政治、法律、意识形态、文化等制度。这些制度体系建立在特定时期的生产力发展水平之上，其制度变迁不以人的意志为转移。

二、新制度经济学视角：制度变迁理论

随着制度环境的变化，制度的结构和功能会随之发生变化，而不是固定不变的。制度变迁也称制度创新，是指新的制度完全或部分替代原有的制度的过程，涉及制度产生、运行、衰减、更替和消亡等阶段。现阶段，我国数字经济的正式制度变迁主要由政府引领和规范。

技术创新对制度变迁和经济增长都具有重要作用，甚至起决定作用。不认可技术决定论，认为制度不仅决定技术创新，而且促进经济增长，制度的作用在于降低交易费用、保护产权，约束追求主体效用最大化的个人行为，并由此得出结论，西方国家经济增长的决定性因素是制度因素而不是技术因素。合理的制度安排可以促进经济增长质量的提高。制度经由技术、资本和劳动力等因素推动经济增长，也可能成为这些因素的瓶颈。人口红利和资本积累是中国经济增长的主要动力。

经济高速增长主要得益于要素投入、技术创新、制度创新、发展市场、政府行为和意识形态等方面。大量劳动力转移、固定资本投资、创新与技术变革、社会主义市场经济体制、有效市场与有为政府等因素共同起作用，带来了中国经济增长的奇迹。在经济制度安排中，产权保护程度对经济增长的作用最大。资源的产权包含所有权、使用权、收入权和转让权四个方面。

新制度经济学长期关注制度变迁过程，强调制度变迁在经济社会发展研究中的关键作用。制度变迁影响有效需求、要素投入、经济结构和科技创新等。然而，一般来说，制度只能在一段时间内保持稳定，其结构性的功能并非一成不变、永久地充分发挥作用。节约交易成本和改善绩效是制度变迁的内在动力。制度决定着技术创新，诱导技术创新。将制度变迁模式分为诱致性制度变迁和强制性制度变迁。前者制度变迁动力在于激励机制的诱导，后者则在外部压力推动下实施。中间扩散型制度变迁的概念，用以解释地方政府推动制度变迁的进程。长期来看，由于利益冲突、时滞或路径依赖等因素的存在，制度变迁表现出缓慢性和渐进性等特征。

新制度经济学的方法论和理论成果在数字经济研究领域有广阔的应用前景，其交易费用、产权、制度变迁、路径依赖等理论及观点，有助于深化对数字经济实践和理论的解释。然而，目前对数字经济制度体系构建的研究主题还未得到学术界应有的关注，研究的深度有待提升，研究的逻辑框架不清晰，尚未形成系统的理论与方法论体系，在系统性、创新性和解释力方面，还有广阔的研究空间。

三、技术创新与数字经济

创新是引领发展的第一动力，与马克思提出的"基于知识的创新就是直接的生产力"一脉相承。要成功实现"换道超车"，归根到底要依靠技术创新。从生产函数角度分析，经济高质量发展要有与一定高技术条件相适应的高质量要素投入，更多地发挥高级生产要素在配置中的主导作用，形成高质量的产出供给信息技术，对各地区的经济增长的贡献也有经验证据支持。信息技术不但直接促进经济增长，还提升生产效率。互联网技术进步直接促进经济增长。以互联网技术为代表的新兴技术，是当前运用最成熟、最广泛的创新技术。互联网等信息技术所带来的规模效应，能够增加可投入要素的数量和质量，精准实现各类要素在不同生产部门间的分配；互联网、云计算、人工智能技术改变了增长函数的形式，提高了生产效率，提高了信息的使用效率和边际产出，进而促进了经济增长。

在数字经济形态下，数据作为关键性生产要素，引发市场规则、组织结构、信用关系、产权制度、激励机制等方面发生根本性变化。数据正成为全球增长的主要动力源。大数据作为一种全新的生产要素，直接影响经济增长；经济增长核算框架应加入数据元素。大数据提供巨量资源，互联网提供数据资源传输路径，云计算则提供数据资源使用方式。数字经济对大数据等无形资产具有高度依赖性，用户和消费者具有可流动性，且其相互影响易产生网络效应和多层商业模式。

四、数字经济的功能作用

我国数字经济快速发展，在激发消费、拉动投资、创造就业、增强创新力和竞争力等方面，发挥了重要作用，表现出蓬勃的发展态势。

（一）数字经济是创新的新动力和新起点

信息技术正推动创新范式的新一轮变革与升级。数字经济有力优化创新过程，加速创新迭代，具有"创造性破坏"属性，成为创新和经济增长的新动力。数字经济是新常态下发展中国经济的新动能，是引领创新驱动发展战略的重要力量。数字经济是经济转型升级、提质增效的新引擎。数字经济条件下的创新组织方式正在向网络化、生态化方向演进，其创新过程亦呈现出开放性和包容性特征。新科技革命和产业变革的核心技术涵盖移动互联网、云计算、大数据、物联网、人工智能、虚拟现实、区块链、3D打印等，以此为驱动的数字经济创新呈现创新频率高、影响大和覆盖范围广等特点。数字经济是技术、产品、服务、商业模式等多种创新的综合体，创新具有快速迭代试错、用户深度参与、创造消费需求等特点。创新是数字经济引领产业升级和经济增长的强大推动力。可以说，数字经济是科技创新和体制创新的产物，其创新可能来源于商业模式、组织关系的创新。

数字经济可培育新业态，形成新经济、新动能，也可改造生产方式、销售渠道和消费模式，促进产业升级。平台已经成为数字经济领域常见的一种商业模式和生产组织形态，打破了企业自身资源和能力对持续成长的束缚。我国数字平台企业的创新发展，成为全球网络空间力量竞争的重要载体。数字经济情景下的用户深度参与创新过程，是创新创意的重要来源。数字经济的发展为企业采用新的方法创造和传递价值提供了更好的载体和工具。总体上看，传统制造企业正在加速向基于数据驱动的新型生产模式转变，加大力度探索制造服务化转型、线上线下融合、个性化定制等业务或模式。

（二）数字经济是协调发展的重要引擎

数字经济的协调性特征，不但体现在大数据、云计算、互联网三者的关系上，还体现在对新兴产业的驱动、对传统产业的带动上，体现在推动城乡区域协调发展上。深化新一代信息技术与传统产业的融合发展成为引领产业发展迈向中高端的关键，是一场传统行业格局的全方位重塑。数字产业化和产业数字化存在着一定的协同关系。数字经济增加要素流动渠道，增进要素之间互动，借此调整改善产业规模、产业效率和产业结构，促进产业更加紧密融合发展。信息和网络技术具有高渗透性功能，信息服务业迅速地向第一、第二产业扩张，模糊了三大产业之间的界限，增强了三大产业间的相互融合趋势。农业数字化改造可以有效促进我国的农业产出，但目前农业数字技术效率具有较大的提升空间。数字经济可显著促进制造业质量升级，中西部地区制造业质量升级则主要依赖于数字经济对劳动要素配置的优化效应。

互联网促进了要素在产业、城乡、区域、国际的流动。数字经济有助于实现经济与社会、物质与精神、城乡之间、区域之间的协调发展。数字经济弱化了区位劣势对经济发展的影响，缩小了东、中、西部城市间的差距。数字经济逐步促进城乡居民消费缩小差距，农村的数字消费增长速度全面超越了一线城市、新一线城市和二线城市的增长速度。我国东西部在电商、数字金融和物流等数字经济特定领域的差距正在不断缩小。数字经济使得城乡界限日益模糊，形成互动共赢、优势互补的新型城乡关系；平台经济体惠及贫困偏远地区，提高了收入水平，缩小了地区贫富差距。数字经济对东部地区实体经济的影响表现为"挤出效应"，在中西部地区则表现为"促进效应"。数字经济有效地解决了市场分割的困境，从而缩小地区差距。

（三）数字经济是引领绿色发展的新路径

在数字经济中，数据虽然是关键性生产要素，但属于非稀缺资源。与劳动、土地、森林、矿产、水源等传统的有限资源比较，数据资源不会因使用而枯竭，也不带来环境污染的外部性损害。数字经济发展是绿色成为普遍形态、没有污染、代际公平的可持续发展，能够有效避免过度消耗能源资源和污染环境，有助于推动环保、节能、绿色等产业发展。数字经济的发展推动我国从高投入、高产出、高耗能、高污染的传统发展模式向低碳、节能、高效的发展模式转变。以人工智能和物联网构建生态环境全方位监测网络，区块链促进环保大数据的集成与共享，大数据驱动的智能分析技术促进生态环境综合决策科学化与监管精准化。

数字经济促进传统产业实现创新化、绿色化、节能化，加快了绿色型经济的构建。数字产业是一种高附加值、低污染的高新技术产业。

（四）数字经济具有开放性

开放发展体现了马克思"从民族的历史转向世界的历史"的思想。我们应该建设开放型世界经济，继续推动贸易和投资自由化便利化。投资、设计、生产等多环节在开放发展过程中更容易带来新技术、新产业、新业态的孕育和成熟。如果现代市场经济失去开放性的重要特征，基于物联网、电子商务和全球贸易而衍生的数字经济就无从谈起。数据使用的开放程度成为一个国家数字经济生产力提升的最为重要的标志。数字经济加快了商品和生产要素之间的跨界流动。数字经济天生是国际化的，借助互联网体系，数字经济把空间地理因素对经济活动的制约降低到最低限度，使之更具有全球一体化的特点。

数字经济所涵盖的广泛商业模式，在不断进步的现代信息和通信技术的支撑下，可以在更远距离和更大规模之间开展。数字经济发展促使全球价值链的部分或整体实现数字化，时空距离与信息不对称对国际投资的束缚由此减缓，跨境电商是有效协助企业连接国际市场的通道。

"一带一路"沿线数字经济共同体凸显人类整体利益性、多元共治性、智慧科技创新价值性等特征。"数字丝绸之路"是数字经济在我国的全新发展阶段，具有开放性、合作性和前瞻性。信息通信技术能够促进中国与东盟的双边贸易，对东盟国家的经济增长具有显著的正向影响，其中移动电话对双边经贸合作贡献最大。进口国数字技术的发展与应用，能够降低我国获取市场信息、寻找贸易伙伴、建立贸易关系以及履行交付义务的成本，提高了我国出口的贸易效率，但我国出口贸易的不确定性也会随着进口国数字经济发展水平的提高而显著增加。

（五）数字经济体现共享理念

共享理念实质是坚持以人民为中心的发展思想。在人人都必须劳动的条件下，人人也都将同等地、丰富地得到生活资料、享受资料、发展和表现一切体力和智力所需的资料。人是经济发展的主体，既是生产者，也是消费者。共享发展的内涵，包括全民共享、全面共享、共建共享和渐进共享。中国共产党永远把人民对美好生活的向往作为奋斗目标，依靠人民创造历史伟业，朝着实现全体人民共同富裕的目标不断迈进。数字经济助推全民共享、全面共享和共建共享。数字经济的发展，归根到底是以人为中心的发展。数字技术的发展，既要服务于经济增长，更要以公平性、普惠性、平衡性、稳定性等为目标，让更多的人享受到改革和发展的成果，让数字转型推动人类文明的进步。数字经济引发产业结构变迁和生产能力跃升，进而促进就业和增进人民福祉。数字经济是共享经济。共享单车等的普及推广，真正体现了共享发展理念。共享经济在创造新需求的同时，更精准地匹配了供需两端，促进了经济增长。

数字经济为现代社会走向共享经济提供了一条探索性方案。数字经济只是手段，分享经济才是目的；通过重构市场经济和计划经济关于占有权和使用权之间的产权革命，数字经济有助于构建起协同共享的新经济形态，但也可能带来新的社会控制和社会分配。构建了非竞争型就业投入产出模型，估算我国数字经济规模对就业的影响效应，发现信息和通信技术产业与传统产业融合的消费导向型就业效应正在逐步扩大，数字经济对技术密集型制造业的就业影响强于劳动密集型和资本密集型制造业，在生产型服务业中也表现出强有力的就业影响效应，同时，数字化转型促使人力资本从低成本优势向职业技能优势转型。数字密集型行业的劳动者若拥有两种或两种以上的技能组合，则可以获得额外的工资溢价。以淘宝、阿里云等数字化平台为支撑，"淘宝村"引领的数字经济支持了大规模的草根创新创业活动，带动了就业，繁荣了经济，推动乡村振兴向纵深发展。数字金融促进包容性增长，在落后地区发展速度更快，有助于促进低物质资本或低社会资本家庭的创业行为，显著提升了农村低收入群体的家庭收入。数字技术对收入不平等产生了非线性影响，导致了劳动力市场的"两极化"，即对高技能和低技能劳动者的收入均产生正面影响，对中等技能劳动者的收入产生负面影响。工业智能化水平的提升，显著降低了制造业就业份额，但增加了服务业特别是知识和技术密集型现代服务业的就业份额，促进了行业就业结构高级化。数字经济对非农就业尤其是受雇型非正规就业，具有显著的促进作用，数字经济红利偏向于受教育程度较高的群体。激发大众创业是数字经济释放高质量发展红利的重要机制。

五、数字经济的测度体系

数字经济的测度面临以下挑战：数字经济活动主体的身份模糊，生产边界、消费边界和资产范围均不清晰；消费者获取的免费数字福利是否应纳入测度范围尚无定论等。在数字经济产业活动核算范围选择方面，将数字经济产业活动分为数字经济基础设施及服务业、电子商务产业、数字化信息产业以及数字化生产活动四个部分。

已有的指标构建方法，主要包括GIS（地理信息系统）空间分析法和主成分分析法，以及统计指标加回归分析的复合方法等。国外基于经济发展的规律和趋势进行的探索，对我国的数字经济指标体系设置具有一定借鉴意义，如欧盟数字经济与社会指数（DESI，涵盖各国宽带接入、互联网应用、人力资本、数字技术应用等），世界经济论坛网络就绪度指数（NRL，涵盖环境、准备程度、应用、影响等），联合国国际电信联盟ICT发展指数（IDI，涵盖ICT接入、ICT使用、ICT技能等），以及经合组织数字经济指标体系（涵盖投资智能化基础设施、创新能力、ICT促进经济增长与增加就业岗位等）。

中国信息通信研究院的数字经济指数包括先行指数、一致指数和滞后指数三类；全球数字经济竞争力指数构建了由数字设施、数字产业、数字治理、数字创新等维度构成的全球数字经济竞争力分析模型；腾讯"互联网+"数字经济指数包括基础、产业、创新创业、智慧民生四个分指数；财新等中国数字经济指数主要关注数字经济对整个社会效率提升的能力，包括生产能力、融合程度、数溢出能力、全社会利用能力四部分。

第二节 数字经济制度的基本原则和体系结构

数字经济制度是体系化的规范和规则，是调整数字经济运行的基础性机制。制度功能是指制度的合目的性，即特定制度或制度体系满足某种需要的属性。数字经济制度的功能可以分为激励功能和约束功能。恰当的激励是制度持续运行的动力和基础，严格的约束则确保数字经济主体行为的规范和有序。

数字经济制度在发挥激励和约束功能时，应坚持公平原则、效用原则、法定原则和及时原则。

一、数字经济制度的基本原则

（一）公平原则：数字经济制度的赏与罚

"赏""罚"分明是公平原则的核心，是人人平等原则在数字经济制度领域的延伸和应用，是数字经济活动过程中最重要和根本的原则。数字经济制度对数字经济所有参与主体提供平等的保护，提供平等的表达和参与机会。数字经济的任何参与主体，在适用数字经济制度上都一律平等，同等行为同等对待，相似情形相似处理，做到同情同判。同时，应避免过度激励，防止制度激励措施的泛化，防止诱发机会主义行为。

（二）效用原则：预期收益大于成本

效用原则对人的需求动机有一定的适用性和解释力，是制度发挥激励和约束功能的哲学基础。在数字经济制度体系的变迁过程中，数字经济主体可能利用特定的制度安排来实现自身利益，体现一定的相对自主性和策略性。预期收益高于成本是数字经济主体参与创设、遵从或者变革制度的前提。在公正的基础上，积极引导和制约数字经济参与主体在追求个体福利水平的同时，实现社会总福利水平的最大化，即实现和接近社会总福利的帕累托最优。从数字经济制度体系本身来看，激励制度和约束制度的实施，其所获预期收益均应大于成本。

（三）法定原则：限制自由裁量权

在数字经济领域，无论是激励制度还是约束制度，均应坚持法定原则，明确激励约束的内容、条件和途径，依法依规定按程序实施，维护数字经济参与主体的合法、正当权益。同时，应避免权利滥用，防范超越规定权限行使自由裁量权。

（四）及时原则：强调时效性

数字经济激励制度或约束制度实施得越及时，则越公正有效。从时效维度看，及时和有效都很重要。拖延和积压的后果，可能会引发负面情绪，产生数字经济制度激励或约束所不期望发生的负面效果。

二、数字经济制度的体系结构

数字经济制度体系是由相关具体制度构成的整体，各具体制度又各有其制度功能，彼此之间互相影响和依赖，共同确保数字经济健康发展。数字经济制度体系的运行涉及人的需求、动机、目的和行为等方面，涵盖结构与功能、规则与程序、过程和结果等环节，通过引导人的需求和动机，激励或约束数字经济参与主体朝着预定的方向行动。数字经济制度体系包括产权制度、规划制度、创新制度、开放制度，以及税收征管、公平竞争、测度考核、安全保障等具体制度。这些具体制度的设立和运行，都是为了稳定预期，调节数字经济参与主体的行为，并约束机会主义动机，实现数字经济持续健康发展。趋利避害是人类行为的重要原则。激励和约束并不矛盾，而是相辅相成、相互促进的。在数字经济运行过程中，引导和控制人们的行为，离不开激励和约束两种方法和策略。研究数字经济制度体系的构成，离不开对激励制度和约束制度的系统研究。激励和约束方法策略的规范化和程序化，分别形成了激励制度和约束制度。

激励和约束制度对行为方向、偏好和选择等方面会产生较大的影响。由于制度自身的差异，其所产生的激励或约束效应也不尽相同。大多数制度都具有一定的激励功能，也兼具约束功能，但能区分是以激励为主，还是以约束为主。在研究过程中，根据制度功能的不同，将数字经济制度体系分为以激励为主的制度（包括产权制度、规划制度、创新制度、开放制度）和以约束为主的制度（主要包括税收征管制度、公平竞争制度、测度考核制度、安全保障制度）两个子体系。

（一）激励制度：产权、规划、创新与开放

激励是对行为人及其行为的肯定和正面评价，其直接对象是人的动机和需求。

制度激励影响人们的行为方向、动机偏好。在数字经济中，制度激励功能发挥的差异，决定着数字经济发展的方向、进程和速度。解决行为人的行为动力问题，需要发挥数字经济制度的激励功能。数字经济制度通过对行为人的需求满足和动机刺激来调动行为人自主、积极做出特定行为。激励制度是一种吸引和引导，建立在自主和自愿基础上，而不是建立在强迫或强制基础上。激励制度主要包括产权制度、规划制度、创新制度和开放制度。

1. 产权制度

产权制度对数字经济活动调节有重要意义。向市场主体提供将外部性内部化的激励，从而提升资源配置效率，是产权的主要作用。产权是市场运行的核心，产权制度是资源配置优化的基础，也是其他制度安排的基石。好的产权制度有利于维护交易秩序、降低交易成本，提升经济效率。

2. 规划制度

规划制度是关于长远的、全面的计划的制度。数字经济领域的规划制度，着力解决总体目标和重点任务，协调数字经济长期发展过程的总量和结构问题。规划本身虽然也具有一定的约束性，但主要以指导性为主，具有建议性、预测性和灵活性，期望数字经济主体自行、积极按照规划目标和意图采取行动。规划制度往往涉及一定的利益分配，推动数字经济主体结合自身情况和需求，趋利避害，采取符合切实利益的行动。所以，规划制度主要具有"诱导"和激励性质，有利于减少数字经济的盲目性，合理引导、调动和配置资源。由此，在研究过程中，要将数字经济相关的规划制度纳入激励制度的范畴。

3. 创新制度

创新制度在数字经济制度体系中发挥"驱动器"作用。创新制度有利于促进知识、技术和信息加速流动，协调数字经济创新资源，提升数字经济的整体运行效率。数字经济创新制度决定一个国家数字经济发展的方向和动力，通过增强数字经济主体的创新能力，营造数字经济创新发展的良好环境，成为数字经济高质量发展的"融合剂"和"催化剂"。在数字经济制度体系内部，创新制度与规划制度、产权制度等互相衔接融合，共同激发数字经济参与主体的活力。

4. 开放制度

开放制度是数字经济制度体系的重要组成部分。互联和开放是数字经济的固有属性。互联网等新兴技术进一步突破了传统的国家、地区界限，整个世界经由互联网被连通成一个村落。从物联到数联，再到智联，万物互联推动生产力和生产关系产生巨大变革。资本的扩张推动和加快全球市场的有效开拓，世界的不可分割和人类前途命运的休戚相关,为数字经济的动态演化提供了物质基础和动力前提。开放制度顺应数字经济发展的潮流和趋势,围绕数字经济发展实施更大范围、更深层次、更宽领域全面开放,营造公开、透明的营商环境,推动人们逐渐摆脱农业经济、工业经济时代的时空限制,进一步增强人与人、人与物、物与物之间的互动和联系。总之,开放制度对制度学习、利益格局调整等数字经济制度变迁过程具有重大而深刻的影响。

（二）约束制度：税收征管、公平竞争、测度考核和安全保障

约束制度是强制要求数字经济主体承担行为后果和成本的规则体系。监督和惩罚是制度实施的保证,违反约束将会受到惩罚。约束制度借助干预或控制手段,对数字经济主体实施塑造和管制,纠正其自发状态或机会主义行为的偏差。数字经济统筹发展和安全,唯有在进行激励的同时,施以有效约束,才能以良法推动数字经济实现高质量发展。

1. 税收征管制度

税收征管制度是指国家税务征收机关依据有关法律、法规,对数字经济领域的税款征收过程进行的组织、管理和检查的活动。根据税收中性原则,数字经济和传统经济承担同等的税负。在数字经济活动中,跨国数字企业依托数字技术与平台,即可开展有形商品的跨境生产经营和线上销售,因而在所得来源地的国家设立物理实体性机构的需求有所下降由此对传统的常设机构原则构成挑战,对所得来源地国要求分享跨境数字经济活动税收利益的挑战日益凸显。数字经济税收征管制度既要适用税收征管的一般规律,也要符合国际税收原则。

2. 公平竞争制度

公平竞争制度是市场经济制度的核心。与传统经济比较,数字经济中的竞争,正从产品竞争转向平台竞争,从静态竞争转向动态竞争,从资金竞争转向技术、知识竞争,从营销、销售竞争转向用户、流量竞争。多边、跨界的平台竞争和算法竞争正与传统的竞争方式相融合。规模经济和范围经济的融合所导致的赢者通吃局面,正在改变传统的市场竞争和垄断格局,其中,平台、数据和算法形成了新的竞争市场结构。公平竞争制度立足解决数字经济所面临的突出问题,运用公平竞争审查、公平产权保护工具和手段等竞争政策,确保所有数字经济主体获得公平竞争的权利。

3. 测度考核制度

测度考核制度涵盖数字经济活动相关的指标体系、政策体系、标准体系、统计体系、绩效评价体系和政绩考核体系等领域。国内外对数字经济测度的认知并不一致,甚至存在较大分歧和争议。目前,技术进步对数字产品的价格统计带来

了挑战，对跨境电子商务的测度可能会引起偏差，对非正式交易难以进行有效评价，高频率化、非标准化、高碎片化、产权分离化的非结构化和半结构化数据难以通过传统统计指标进行度量。这些都是测度考核制度需要研究解决的问题。

4. 安全保障制度

安全保障制度的指向性和针对性很强。在信息化条件下，数字经济涵盖的范围和主体不断增加，提升了数字经济的复杂性，但各国的数字安全治理仍处于探索阶段。加强网络内容监管、治理虚假信息，日益成为全球普遍共识，受到各国高度关注。信用关系的技术化面临风险，工业互联网安全风险突出，互联网用户的法治观念与维权意识有待提升，"数字鸿沟"问题明显。这些问题的解决，亟须在数字经济安全保障方面加快建章立制的速度。

第三节 数字经济制度体系的总体特征和运行目标

一、数字经济制度体系的总体特征

数字经济制度体系具有整体性、多元性、互动性、不完全性和演化性等特征。

（一）整体性

数字经济制度体系是一个有机的制度整体，具有结构性、自洽性和有序性的特征。制度变迁的任何子环节、子领域都可能影响整体，可谓牵一发而动全身。数字经济制度不是简单的要素相加之和，而是具有整体性和系统性，不但要明确制度创设目标和基本原则，界定权利和义务、权力和责任，而且要明晰适用的主体、事项和范围，厘清制度执行的主体、程序和保障机制。在制度内容上，既要有事前的客观公正评判，也要有事后的及时有效救济。制度体系的整体性直接决定了数字经济制度体系的有效性。

（二）多元性

无论是数字经济制度体系的形成主体，还是其表现形态，都具有多元性。政府、社会组织和自然人在数字经济制度形成和运行过程中，均不同程度地发挥作用。数字经济的包罗万象决定了相应制度表现形态的多元共存，成为数字经济制度体系的运行趋势。

（三）互动性

制度相关的行为不是孤立的，而是互动的。不同的制度之间互为条件，相互强化。在数字经济制度体系中，制度本身源自数字经济主体之间的互动，尤其是各主体间的良性沟通和合作交流，有利于供给更多高质量的满足数字经济发展需求的制度产品。

激励制度和约束制度交织在一起。两类制度并非界限分明、完全对立，激励制度需要约束制度的确认和支持。在数字经济制度体系中，两者相互依赖、相互作用，共同降低互动的不确定性，共同影响数字经济制度体系的均衡和稳定。

正式制度和非正式制度也具有互动性。在数字经济制度体系运行过程中，非正式制度作为正式制度的辅助、补充和延伸，修正和减缓了正式制度变迁的剧烈程度。反之，正式制度也全方位影响着非正式制度的缓慢变迁，导致数字经济参与主体行为和预期的逐渐调整。制度变迁和利益冲突也具有天然的互动逻辑联系。两者相互关联、双向互动。利益冲突是制度变迁的内在推动力，主导着制度变迁的方向和力度；制度变迁则是利益冲突的主体所要实现的目的，是主体间博弈后所达成的利益均衡状态，同时也成为未来潜在利益冲突爆发的制度基础。制度变迁与利益冲突相伴而生，并由利益冲突推动。

（四）不完全性

由于各种不确定性的存在，加上数字经济主体的有限理性，造成不能在契约签订前预测所有可能发生的状态，导致契约的不完全或不完备。如果相关状态的权、责、利关系没有写进契约，或者界定不清楚，很可能会带来效率损失。为解决不完全契约产生的效率损失问题，物质资产所有权的重要性。除了诉诸产权配置，机制设计也有利于解决契约不完全难题，从而纠正效率损失。

（五）演化性

数字经济制度需求的碎片化、多样性与制度体系一性、系统性间的矛盾，需要通过制度的演化和变迁予以调和。

数字经济制度的演化不仅涉及行为规则，还与共同认同的信念或价值观有关，因此，演化过程相对复杂。制度演化经济学倡导"通用达尔文主义"，分析技术创新和制度演化的同化。制度演化的预期收益和成本的对比如果发生改变，就可能会产生打破现有制度均衡的内生动力。但是，制度演化不是一蹴而就的瞬时变化过程，而是不断提升其前瞻性和适应性，从一个均衡到另一个均衡的缓慢相互作用和演进过程。一旦共同遵守的原有经济制度失衡，相应行为规则不再适应数字经济生产力的发展，数字经济参与主体一时就很难达成共识，只好在没有规则的情况下进行互动学习，直到达成新的共识。此外，信息技术作为推动数字经济制度演化的重要因素，与制度的共同演化一起决定着数字经济制度体系的演化轨迹。比如，信息技术推动数字经济蓬勃发展，不但倒逼一国加快改革税收征管改革，也对未来的国际税收规则走向产生深刻影响，此时，税收制度体系面临重塑，社会信用体系建设也面临重构。

二、数字经济制度体系的运行目标

目标是行为的导向和标准，本身就具有激励和约束作用任何制度的创设，均体现制度设计的目标。数字经济制度体系在保持制度供给和制度需求均衡的基础上，还可在减少不确定性、节约经济运行交易费用、抑制机会主义倾向等方面在促进分工和协作、竞争和合作等环节，发挥关键的基础和保障作用。如果无法有效防止机会主义行为或者不可预见的行为，那么就不是高质量的数字经济制度体系。

（一）促进制度供给和制度需求的均衡

数字经济制度体系的运行，既取决于其本身的科学性、合理性，也取决于制度的供求关系，即制度供给和需求能否实现均衡。数字经济制度供给及时顺应制度需求，两者相互协调，才能提高数字经济制度体系的有效水平。否则，无效的制度供给会造成制度资源的浪费，也有损制度权威。

长期来看，制度的非均衡具有必然性。总体上看，从均衡到非均衡，再到均衡的演化历程，虽然有长有短，但寻求短期内数字经济制度的均衡和稳定，一直是制度体系运行的永恒目标。

数字经济生产模式、产业结构和市场运行模式的改变，将打破既有的制度均衡，新的数字经济制度往往随着非均衡的产生而出现。比如，在数字经济条件下，之前基于全日制就业形态运行实施的社会保障、薪酬人事等制度，面临着从均衡到非均衡的交替。在"零工经济"中，自由劳动者的权益保障缺乏依据，劳动者的谈判能力有限，适应劳动者流动性和就业方式多样化的就业服务及用工管理制度有待完善。自动化或人工智能的发展，导致机器替代人的现象出现，从而产生失业问题。大型科技企业引致收入差距扩大和全球不平等加剧，技术革新或使这一趋势进一步恶化。少数的大型科技企业的利润率日益高企，而大量低技能劳动者被排除在现代制造业的门外，随着前一类企业在经济中的占比越来越高，全社会的工资中位数停滞不前，降低了劳动收入占国内生产总值的比例。为缓解技术变革对传统就业模式造成的上述负面影响，各国政府高度重视劳动力市场的制度变革，推动建立更加灵活和高质量的再就业制度体系。制度均衡与制度创新交替出现，成为制度变迁的常态化过程。

然而，数字经济制度是具有正反馈机制的自我维系和强化的体系，一旦确立，便不会轻易被更好的制度替代，而会沿着特定的路径发展演进，其发展结果还可能导致多重均衡。大数据和平台帮助供求双方绕过传统中介，实现点对点的沟通，降低交易成本，实现快速匹配，缩短周转时间，加快资本循环，增进信息公开，提高了资源配置效率和整个社会的运行效率。"互联网+"推动传统服务业焕发蓬勃生机，外卖骑手、线上红娘、内容创作者、自由设计师、网约车司机、线上健身教练等各类灵活就业者，获得了大量就业岗位。虽然也有就业压力和担忧，但基于平台经济的快递、送餐员、家政保洁、司机等行业，行业集中度有所上升，并创造了新的就业机会。同时，平台企业垄断地位的持久性和稳固程度却远逊于传统市场。平台企业有效整合供给端与需求端，形成巨大的市场优势和影响力，甚至具备了准公共基础设施的功能。平台企业不但占据较大市场份额，而且拥有数亿级的高黏度活跃用户，兼具组织者和参与者双重角色，并将市场这只"无形的手"一定程度上改造、滥用为维护平台企业盈利诉求的"有形之手"。许多中小企业被动纳入平台，增加了转向备选平台的搜索成本、数据迁移成本、学习成本、谈判成本等，其成长空间被压缩。对拥有提取、控制和分析数据能力的平台企业而言，更多的用户意味着更多的数据，更多的数据意味着拥有更强的能力，于是可以凭借击败潜在竞争对手的先发优势，以"野蛮"方式进行数据资源的"跑马圈地"。平台企业借助技术创新成为行业领先者后，继续利用"平台+数据+算法"垄断用户需求，借助用户流量优势、算法优势、数据优势和资本优势，还可以在新的领域形成垄断优势。产权界定不清、收益分配不合理，降低了数据垄断的风险，纵容了平台企业独占数据的动机和行动。一旦其占有数据资源后却不愿共享，甚至为了拒绝分享而设置过高壁垒或隐形门槛，就会推高数据要素的获取成本，制约基于数据深度挖掘的持续性创新，对数字经济的正常竞争秩序产生实质影响。以上不公平竞争行为，对反垄断规制等公平竞争制度提出了挑战。

（二）节约制度运行过程的交易费用

随着数字经济市场规模的持续扩大，交易费用会不断增加，原有的经济形态要求建立更加合理的新制度，从而降低交易费用，提高数字经济市场主体的参与积极性。

数字经济制度运行所产生的交易费用，主要源自不确定性、机会主义和资产专用性等方面。无论是以激励为主的数字经济制度，还是以约束为主的数字经济制度，其确立、运行和演化都需要考虑交易费用因素。在特定国家治理环境下，以最小交易费用实现制度预期功能，成为数字经济制度体系的运行逻辑。只有预期收益大于预期成本，一项新的制度安排才可能产生直至巩固。有效的数字经济制度有助于降低交易费用，减少不确定性，抑制机会主义行为。

技术、信息和要素相对价格的变化，成为数字经济制度创新的重要源泉和动力，推动一项制度替代另一种制度。

由于技术创新引起生产函数和消费函数发生变化，市场主体所形成的网络外部性、天然垄断性和极强渗透性等特征，导致传统反垄断规则的适用性面临挑战。然而，对企业结构、供求结构、价格结构、市场占有率等的分析，对竞争和垄断机制的评判，都可经由数据的搜集、整合、分类、加工、处理来实现，从而提升协同和协调程度，并降低竞争制度的变迁成本，增强竞争制度创新的内在动力。

近年来，我国互联网领域的反垄断监管改革进程不断加快，数据收集使用管理、平台企业垄断认定等方面的制度不断完善，线上经济得到规范，促进平台经济长远健康发展的效果十分明显。

（三）提升资源配置效率

数字经济制度体系的运行目标在于促进供需对接，优化资源配置，在一定程度上遏制和解决生产过剩趋势，整合碎片化资源，有效缓解市场失灵。在大数据、区块链等技术的支持下，互联网和物联网共同连接起生产者和消费者，通过网络组织传递、共享的数据和信息，突破了资源获取的时空限制，一定程度上实现了供需双方的实时双向反馈，降低了交易双方的搜寻、议价和监督等成本，尤其节约了消费者的选择成本和交通成本。

即使技术不发生变化，制度创新也有利于减少不确定性，降低复杂性，化解利益冲突，从而提升数字经济的劳动生产率，实现数字经济增长。在数字经济制度体系保障下，生产和消费之间开放、共享的协作模式，构成了数字经济生产效率提升的重要来源。生产和消费之间具有同一性，这种"同一性"在数字经济中得到了进一步体现。消费者经由各种算法，根据购物清单、浏览记录和行动轨迹等数据，重组为数字化的"消费者"。消费者对产品和服务的隐秘性、易变性和复杂性需求，具有了一定的稳定性和周期性，并呈现一定的行为惯性和经济理性。然而，只有在数字经济图景下，消费者心理结构、思维认知和行为方式等方面的规律，才能通过数据解析和呈现出来，从而为生产者整体研判市场需求提供依据。

需求侧的变化必然要求供给侧及时作出调整。生产者生产什么，生产多少，怎样生产，以及新产品能否研发成功，越来越取决于能否对与消费者需求有关的数据进行精准分析，而传统的经验驱动模式已难以快速把握和响应消费者个性化和多元化的需求。

第六章 智能化数字经济的构建

第一节 区块链与人工智能加速数字经济发展

数字经济有三个关键点：一是数据成为新的生产要素；二是数据活动是为了服务于人类经济社会发展而进行的信息生成、采集、编码、存储、传输、搜索、处理、使用等一切行为；三是数据活动具有社会属性、媒体属性和经济属性。数字经济具有数字化、网络化、智能化、开源化的特征。特别是区块链和人工智能技术的出现，使数字经济的这些特征更加明显。区块链、人工智能等技术的诞生，使数字经济的内涵更加丰富。

数字经济时代，数据成为最重要的生产要素，有助于促进并加速包括人工智能、区块链等新一代信息技术与社会经济的各个领域的深度融合，为形成新产业、新业态和新模式提供了催化剂。人工智能、区块链等新一代信息技术的高速发展，极大地减少了数字经济活动中信息和价值流动的障碍，有助于提高社会经济运行效率和全要素生产率，提高供需匹配效率，实现社会资源最优化配置。

一、区块链与人工智能的概念与起源
（一）区块链的概念与起源

区块链是一个分布在全球各地、能够协同运转的分布式核算、记录的数据存储系统，由于交易记录在此记账系统中分区块存储，每块只记录部分，同时每个区块都会记录前一区块的 ID（identity，身份标识号码），按交易时间的先后形成一个链状结构，因而称为区块链，其本质上是种去中心化的、分布式新型记账系统。区块链具有三大特点：一个是去中心化。区块链技术不需要中心服务器，不存在中心化的硬件或第三方管理机构，连接到区块链网络中的所有节点权利和义务都是均等的，数据块由整个系统中具有维护功能的节点来共同维护。二是透明性。除了交易各方的私有信息被加密外，区块链上的所有数据对所有人公开，所有参

与者的账本都公开透明、信息共享。三是安全性。区块链技术支持的交易网络中所有交易采用加密技术，使数据的验证不再依赖中心服务器，极大提高了全链条上发动网络攻击的成本和篡改信息的难度，维护了信息的安全性和准确性，降低了信用成本。另外，由于所有节点都拥有相同的全局账本，所以个别的原本被破坏或消失不会影响到整体。

（二）人工智能的概念与起源

人工智能是研究模拟用户，延伸和扩展人的智能的理论、方法、技术和应用系统的一门技术科学，它不仅试图理解智能实体，而且还试图建造智能实体。而人工智能中最重要的一环就是让机器拥有思维认知即人类智能。换句话说，人工智能就是让机器或是人所创造的其他人工方法或系统来模拟人类智能。人工智能的概念较为宽泛，按照人工智能的实力可大致将其分成三大类：第一类，弱人工智能，指只擅长于某个方面的人工智能，如只会下象棋可以战胜象棋世界冠军的人工智能；第二类，强人工智能，指在各方面都可达到人类级别，人类能从事的脑力劳动，它都能和人类一样得心应手地去干，能和人类比肩的人工智能；第三类，超人工智能，指在科学创新、通识和社交技能等几乎所有领域都比人脑聪明、都可超越人类大脑的人工智能。

二、区块链与人工智能技术加速数字经济发展

（一）区块链的关键技术

区块链是由包含交易信息的区块从后向前有序链接起来的数据结构。它可以被存储为一种包含非相对关系记录的文件，或是存储在一个简单数据库中。比特币核心客户端使用数据库存储区块链元数据。区块被从后向前有序地链接在这个链条里，每个区块都指向前一个区块。区块链经常被视为一个垂直的栈，第一个区块作为栈底的首区块，随后每个区块都被放置在其他区块之上。对每个区块头进行加密哈希，可生成一个哈希值。通过这个哈希值可以识别出区块链中的对应区块。同时，每一个区块都可以通过其区块头的"父区块哈希值"字段引用前一区块，这样把每个区块链接到各自父区块的哈希值序列就创建了一条一直可以追溯到第一个区块的链条。

区块链是链式的数据结构、点对点去中心网络技术、加密算法、共识算法、智能合约、公链、主链、侧链、跨链导技术融合创新的全新技术方案，通过加密技术形成一个去中心化的可靠、透明、安全、可追溯的分布式数据库，推动互联网数据记录、传播及存储管理方式变革，大大简化业务流程，降低信用成本，提

高交易效率，重塑现有的产业组织模式、社会管理模式，提高公共服务水平，实现互联网从信息传播向价值转移的转变。

1. 链式的数据结构

区块链之所以被称为"链"，就是因为其数据结构的巧妙设计，其把多个收支与交易记录通过大量计算打包为一个数据块，每个数据块都附加有版本号、时间戳、随机数等常规信息以及前一个数据块的哈希值，所有数据块都通过这种链状的结构连接起来，存储着所有交易的记录信息。区块链技术本质是一种分布式数据库，是互联网数据记录、传播及存储的新方式，相关数据的分析、解读同样离不开大数据、人工智能技术，将相关物品连接起来，也需要物联网基础技术支撑。

2. 点对点去中心化网络技术

点对点网络技术是区块链系统中连接各对等节点的组网技术，网络上的各个节点可以直接相互访问而无须经过中间实体，同时共享自身的资源，包括存储能力、网络连接能力、处理能力等，是区块链的核心技术之一。区块链技术应用不同于传统的服务端到客户端的服务方式，区块链中的所有节点都处于对等地位，每一个节点既是服务器也是客户端，且拥有所有交易记录数据，任何接入区块链的节点都有权获取所有的交易记录信息。

区块链给传统的分布式系统赋予了一种崭新的、更加广泛的协作模式，解决了点对点对等网络下的数据一致性问题和基于单一信用背书实体的传统信任机制不同，区块链技术创建了一种基于公认算法的新型信任机制。由于算法的客观性，即使网络中存在恶意节点，也能保证达成共识，实现业务的正确处理。这便是区块链技术带来的显著价值，在网络视频、网络语音、搜索、下载等多个领域得到广泛应用，可使多个行业领域受益。

3. 智能合约

"智能合约"，其本质为运行在可复制、可共享的分散式记账本上的一段计算机程序，在此程序下合约各方既可以维持自己的现有状态、控制自己的资产，也可对接收到的外界信息或者资产进行处理、储存甚至再发送。智能合约主要有两个系统：一个是使用 solidity 编写智能合约的以太坊，因多功能性和智能合约执行能力成为银行业与互联网金融行业的首选；另一个是起源于 counter party（合约币）项目的 symbiont（共存程序），正在建立一个拥有比以太坊更加安全的代码库的智能合约系统，可以有效保证电子货币在不同情境下的安全流通。

在传统证券交易中，证券所有人发出交易指令后，需要经过证券经纪人、资产托管人、中央银行和中央登记机构这四个环节的协调，才能完成交易。一般来说，从证券所有人发出交易指令到交易最终在登记机构得到确认,通常需要"T+3"天(买卖之间隔 3 天)。使用区块链,买方和卖方能够通过智能合约直接实现自动配对、自动清算和结算,将节省大量的交易费用,让交易过程更加透明、有效率。

4. 公链、主链、侧链、跨链等技术

根据网络上有关资料,公链是公有链的简称,即全网公开,任何人不需要任何授权机制,都能随时加入与退出、都可读取、都能发送交易且交易都能获得有效确认的"完全去中心化"区块链。公链通过密码学保证交易难以篡改,利用密码学验证以及共识机制在互为陌生的网络环境中建立共识,从而形成去中心化的信用机制。

公有区块链,任何人都可以读取公有区块链的数据,任何人都可以在公有区块链上发送交易,任何人都可以参与到共识的过程,该过程决定什么区块被加入链上和现在的状态是什么。公有区块链的安全性由密码经济学所保证。密码经济学结合了经济激励和密码验证机制,使用例如工作量证明或者权益证明机制,它所遵循的基本原理是参与者对共识过程的影响力正比于他所投入的经济资源。公有链一般被认为是"完全去中心化的"。

侧链实质上不是特指某个区块链,是指遵守侧链协议的区块链。侧链则主要用于解决公链交易吞吐量不足和交易速度限制的问题,起到进一步对公链拓展的功效,本质上是一种可以让数字资产在主链与其他区块链之间实现安全双向转移的协议。向侧链写入数据的权限只被一个机构所拥有,也许公众拥有读取数据的权限,也许只有特定的人才拥有读取数据的权限。侧链的应用包括公司内部的数据管理、审计等,在许多情况下,读取区块链的权限也不能开放给所有人。

而跨链则是为解决两个成多个不同链上的数字资产功能状态互相交换、传递和转移等难题的协议,跨链的存在,不仅使区块链的可拓展性进一步提升,也使其可操作性逐步增强,使不同公链之间因数字资产交易困难导致的"数据孤岛"问题得以有效化解。

(二)人工智能的关键技术

人工智能技术关系到人工智能产品是否可以顺利应用到我们的生活场景中,从语音识别到智能家居,从人机大战到无人驾驶,依托相关技术,人工智能产品在不断升级,在家居、媒体、医疗、金融等行业有着较成功的应用,人们的生产与生活方式也因此发生了重大变化。人工智能领域包含了机器学习、知识图谱、自然语言处理、人机交互、计算机视觉、生物特征识别等几个关键技术。

1. 机器学习

机器学习就是计算机自动获取知识,也是人工智能的一个重要研究领域,一直受到人工智能和认知心理学家们的普遍关注。随着大数据技术的快速发展,企业和机构所拥有的数据量越来越大。为了从浩瀚的数据海洋中发现有用的知识,机器学习受到了企业和学术界的高度重视。

机器学习(machine learning),是人工智能技术的核心,涉及统计学、计算机科学、脑科学等诸多领域,主要研究计算机怎样模拟或实现人类学习行为的方式,从而以获取更多的知识或特殊技能,并不断重新组织已有的知识结构使之不断改善自身的知识结构,提升相关的技能,特别是基于数据的机器学习研究如何通过观测样本数据寻找相关规律,并对未来数据或无法观测的数据进行进一步预测,进而指导相关的行为。根据学习模式的不同将机器学习分为监督学习、无监督学习和强化学习等,根据学习方法的不同可以将机器学习分为传统机器学习和深度学习。

2. 知识图谱

知识图谱就是一种语义网络,基于图的数据结构,由节点(Point)和边(Edge)组成,将节点之间用无向边连接,每个节点即为现实世界中存在的"实体",而每条边即为实体与实体间的"关系"。本质上是一种由现实世界实体节点和表示不同节点相互关系的边组成的网状知识与数据结构,主要通过节点与边的相互连接描述现实不同实体之间的概念及其相互关系。通俗地讲,知识图谱就是把所有不同种类的数据与信息节点连接在一起而得到的一个关系网络,提供了从不同节点关系的角度去分析问题的能力。

对于知识图谱的构建可以采用自上而下或自下而上的方式。以自下而上的知识图谱的构建为例,它可以说是一个更新迭代的过程,通过逻辑的获取设定可以将每一轮的迭代分为三个阶段:信息抽取、知识融合、知识加工。目前知识图谱通过异常分析、静态分析与动态分析等数据挖掘方法,广泛运用在业界搜索引擎、可视化展示和精准营销等方面,并表现出巨大的优势。此外,知识图谱技术也可用于反欺诈、不一致性验证等公共安全保障领域。

3. 自然语言处理

自然语言处理作为计算机科学与人工智能领域中的一个重要方向,主要研究人与计算机之间如何通过自然语言进行有效沟通的各种理论和方法,主要涉及机器翻译、语义理解和问答系统等领域,其中,机器翻译技术是指利用计算机技术特别是基于统计和深度神经网络技术将一种自然语言翻译成另外一种自然语言的技术。语义理解技术是通过计算机技术阅读、对文本篇章上下文的理解进而精准回答与篇章文本相关问题的技术。语义理解技术可进一步提高问答与对话的精确度，未来将广泛运用在自动问答、智能客服等相关领域。至于问答系统包括开放领域和特定领域的对话与问答系统两部分，问答系统技术就是指让计算机可以像人类一样用自然语言实现与人充分交流的技术。

自然语言处理包括自然语言处理技术和自然语言处理资源两方面。其中，自然语言处理资源包括 WordNet 和 HowNet 等词典，而自然语言处理技术则包括去除停止词、取词根、词性标注、词义消歧、句法分析、命名实体识别及指代消解等。本质上，就是将自然语言与计算机语言进行打通，让计算机程序模仿人脑结构的人工神经网络，通过加工处理符号信息来实现语义的理解转换。而在信息检索中，常常将自然语言资源（如词典）与自然语言处理技术两者结合运用。研究自然语言处理所涉及的领域有智能语义搜索、问答系统等。

4. 人机交互

人机交互指的是计算机与用户之间的交流互动，是人工智能领域重要的外围技术，是与认知心理学、多媒体技术，虚拟现实技术，人机工程学等密切相关的综合学科，主要研究人到计算机和计算机到人的人与计算机之间的信息交换，具体交换内容除了传统的基于智能设备的基本交互和图形交互外，还包括语音、情感以及体感等交互技术。

人机交互有三个重要元素在设计时需要考虑人、交互设备、交互软件。其中，交互软件是整个交互计算机的核心，其重点在于对算法的研究；交互设备则是用来实现人与计算机间传递消息的媒介。同时，交互程序的设计还需要在物理层面、认知层面及情感层面进行充分考虑。人机交互一般基于视觉、听觉、触觉三种感官出发进行设计，所以可以分为四种类型：视觉人机交互、音频人机交互、传感器人机交互、多通道人机交互。

5. 计算机视觉

计算机视觉是使用计算机模仿人类视觉系统的科学，使用计算机或摄影机对事物进行识别、跟踪、测域等，并通过模仿人类的视觉系统，让机器拥有信息提取、处理、理解和分析图像的能力。计算机视觉融合了多个领域，如计算机科学（图形、算法、系统等）、数学（信息检索、机器学习）、工程学（自然语言处理、图像处理等）、物理学（光学）、生物学（神经科学）、心理学（认知科学等）。

视觉识别是计算机视觉的关键技术。以图像分类为例，一般情况下视觉识别是利用多层识别方式来处理图片：第一层为像素亮度分析层，主要用来识别像素亮度；第二层为边界确定层，根据相似像素的轮廓确定图中的所有边界；第三层则用于识别质地和形状等。经过层层识别之后，对图像做出准确的分类。目前，基于深度学习的视觉识别系统的检测效率和精度都已经有了极大的提高。

6. 生物特征识别

生物特征识别技术是指通过对个体生理或行为等生理特征的分析，进而对个体真实身份进行识别与鉴定的智能化身份认证技术。生物特征识别的整个过程通常分为注册和识别两个阶段：注册阶段主要是通过图像及语音传感器采集人体的人脸、虹膜、指纹、掌纹以及声纹、步态等多种生物特征信息数据，并通过预处理技术对采集的数据进行处理，提取相应的特征并进行存储；识别阶段就是对提取的特征数据与存储的特征数据进行比对分析，完成身份识别、鉴定与认证。通过生物特征识别技术，既可完成一对多的辨认问题，即从存储特征数据库中确定待识别人身份的问题，也可完成一对一的确认问题，即将待识别人信息与存储数据库中特定单人信息数据进行比对进而确认身份的问题。

然而，单一的生物特征识别系统在实际应用中具有局限性，为了提高系统的性能，多生物特征识别开辟了一个新的方向。其主要运用数据融合方法，结合多种生理特征和行为特征进行身份鉴定，进一步提高了识别的精确度和系统的安全可靠性。其中，数据融合指的是对多源信息进行有效的融合处理，主要通过数据层、特征层及决策层的融合来作出最优决策。多生物特征识别系统一般可以采用多个同一生物的特征融合和多种不同生物特征的融合两种方式工作。

总之，人工智能技术在提高人们生产效率和生活质量方面显现出巨大潜力，既可能对传统产业链的生产、消费等经济活动环节进行重构，也可催生出新产品、新模式、新业态，彻底颠覆传统经济下的价值创造模式，重塑整个产业链，与此同时，人工智能技术的发展也将给各国数字经济发展带来巨大的挑战，如可能会对劳动力市场上的供求产生深远影响，可能导致工作岗位替代、传统职业消失、高数字技能员工供给不足甚至冲击整个就业生态，也还会引致些新的政策与伦理道德问题，甚至会引发威胁人类生存等不可预知的问题，所以人工智能技术对人类来说既是机遇也是挑战，人们在享受人工智能技术带来的红利的同时，也应把如何应对发展人工智能可能产生的挑战与问题纳入考虑范围之内。

（三）算法驱动数字经济发展

在数字经济时代，如果说人工智能技术可以提高生产力，那么区块链可以改善生产关系，算法则是数字经济发展的方法论。区块链和人工智能技术是人类向数字化社会迁徙和进行数字经济活动的工具，前者保证数据资料的质量、安全和产权，为人工智能建模提供数据资料，后者能够在经济活动中实现取代大量人工，提高生产力，两者共同推动数字经济发展。

区块链与人工智能技术背后依赖一整套算法，正是这一整套算法体系构建了人类数字经济活动的基础。例如，区块链技术涉及共识算法、非对称加密算法、同态加密算法、零知识证明算法等；人工智能涉及神经网络算法、深度学习算法等。可以说，基于区块链和人工智能等技术驱动的数字经济，实质上是算法驱动的数字经济。正是这种以数据为载体、以算法为驱动的数字经济活动，相对于传统经济活动表现出了以下新特征。

支撑人工智能算力需要基础硬件设施，除了芯片，更重要的是软件和算法，算法的复杂程度决定了算力资源的需求。虽然数据不断增长，但是计算机无法跟上其规模。即使计算机本身的速度越来越快，但和不断增长的数据相比，可以处理的数据规模却越来越小。分布式计算（Distributed Computing）和并行计算（Parallel Computing）等计算方式的出现，减少了单个处理器的速度约束。分布式计算把一个需要巨大算力的问题分成几块，然后分配给多台计算机处理，最后把这些计算结果综合起来得到最终的结果。分布式算力可以理解为分布式计算的能力的输出集合。最近的分布式计算项目被用于，利用世界各地成千上万的志愿者的计算机的闲置算力，通过因特网分析来自外太空的电信号，寻找隐蔽的黑洞和探索可能存在的外星智慧生命等。并行计算则意味着同时运行两个或更多的处理器，彼此共享数据且工作同时进行，目的在于提供单处理器无法提供的性能。云计算是分布式计算、并行计算等计算方式的商业化发展。云可以使用廉价的 PC 服务器，管理大数据适于大集群，并且能够对云内的基础设施进行动态按需分配与管理。云，通过整合、共享硬件设备，弹性扩展伸缩以适应工作任务需求，实现 IT 资源利用率的最大化，因此云计算意味着可以较低成本获得算力。

第二节　区块链与人工智能技术的融合

随着区块链和人工智能两大技术的飞速发展，越来越多的人开始将两者相提并论，探讨区块链与人工智能融合发展的可能性。如果说人工智能是一种生产力，它能提高生产的效率，使人类更快，更有效地获得更多的财富，那么区块链就是一种生产关系，可以决定生产力的发展。人工智能和区块链能够基于双方各自的优势实现互补。

一、区块链与人工智能相互赋能

人工智能应用包含三个关键点：一是数据，二是算法，三是计算能力。人工智能与区块链两者融合，可以在这三点上相互赋能。

（一）数据层面

实际上，分布式并行计算并非仅在人工智能的神经网络领域中使用，在视频处理领域的分布式并行计算相较于串行计算，由于在同一时间内的计算能力强，因此能够非常好地服务于图像增强算法，从而提升图像或视频的分辨率。实际上图像识别技术中的人工智能深度学习所使用的基础架构，也同样来自分布式并行计算对视频图像处理的研究积累。

并行计算相较于串行计算来说，可分为时间上的并行和空间上的并行。时间上的并行就是指流水线技术，多线程处理器就属于在时间上实现了并行，而空间上的并行则是指用多个处理器并发地执行计算，也就是核心数的增加。并行计算的目的就是提供单处理器无法提供的性能（处理器能力或存储器），使用多处理器求解单个问题。并行计算和分布式计算两者是密切相关、相辅相成的，分布式并行计算必然会越来越普遍，逐渐发展成主流的计算模式并取代集中式的大型计算机。

分布式算力是为分布式计算提供逻辑运行支撑的计算能力输出集合，包含了两大特点，即延展性与冗余性。由于整个逻辑运行被分配到多个不同的参与方当中，因此分配机制的确立确保了整个分布式计算网络可通过不断纳入新的参与方来增加整体的工作效率。此外，冗余性则体现在即使有失效节点的存在在功能上也不会影响整个分布式计算系统的运作，仅可能影响一定处理效率，从而使得整个网络具有较高的容错性。

（二）算法层面

人工智能为区块链中相对粗糙的智能合约技术带来了福音，并有助于实现合约智能化。人工智能结合区块链智能合约，将从以下三个层面重塑全新的区块链技术应用能力。

第一，人工智能结合智能合约，可量化处理特定领域的问题，使智能合约具有一定的预测分析能力。例如，在保险反欺诈应用中，基于人工智能建模技术构建风控模型，通过运营商的电话号码不同排列的数据组合进行反欺诈预测，并依据智能合约的规则进行相应的处理。分布式人工智能从另一个层面来看就是一种分布式认知，被动体以及其他认知体都是某一认知体学习判断获得反馈的来源，某一个认知体通过一系列被动体作出反应并持续获得反馈与提升。基于人工智能的智能合约能够处理人脑无法预见的金融风险，在信用评级和风险定价方面比人脑更具有优势。

第二，每一个认知体对于一个人工智能系统来说都是在拓展其认知边界，各个认知体系统在本地化的传感器获取与数据分析中进行认知总结，并提升了对整个系统总体性的认知边界能力。就像在物联网与车联网场景当中，每一个传感器、车辆都在不同的环境与路况中做出反应，这些反应会成为整个网络所积累到的知识，从而自我更新再认知。人工智能的介入让其拥有仿生思维性进化的能力，每一个计算节点都是人工智能认知边界拓展的源泉与动力。就智能合约本身而言，通过人工智能引擎，在图形界面的模板和向导程序的指引下，能够将用户输入转化为复杂的智能合约代码，即生成符合用户和商业场景的"智能协议"。

第三，人工智能不断地通过学习和应用实践形成公共化的算力。当然，人工智能与智能合约的深度结合还需跨过法律和技术两重难关。尽管一些相对简单的合约通常可以将履约自动化，但对于更加复杂的合约，可能还需要人的介入来解决争议。在博弈类 AI 系统中，由于本身商业属性不强，因此社区化的参与度较高。社区爱好者都由于共同兴趣和研究方向秉承资源分享的原则，为整个网络系统贡献出自己的 GPU 资源和设备电力。也因此，在商业模式清晰的 AI 应用当中，分布式算力的瓶颈还在于有效的经济激励机制的施行，而比特币及其底层的区块链则为分布式算力资源的激励提供了启发性的指导。

（三）计算能力层面

在理想的情况下，随机数生成器的随机性应该是可被证明且事前无法被预测的，同时它又是确定且事后能很容易被重现以验证的。一种可供验证的方式是通过事先公布随机选定的密钥的单向哈希值，在下一个区块产出，密钥被公布之后，参与者可以验证这个哈希值。通过委派给一个中心信任实体，这项工作便可以很容易地实现，但此方法有一个缺陷，任何一个知道了密钥的实体都可以通过提交经过挑选的交易来舞弊。因此，中心实体对于其他玩家而言有相对优势，密钥对于他们来说并不是那么随机，他们可以利用这一点。"分布式"意味着一个区块的随机数是由前一轮受托人所提供的密钥产生的，需要相信一个实体能长期持续地保持诚实，无疑是一个严重的缺点。

二、区块链与人工智能技术深度融合

人工智能的发展需要算力的支撑,数据是"喂养"机器学习的资料。分布式计算和云算力的进一步发展,使得算力能以较低成本获得。随着物联网设备的增加和互联网的深入发展,数据的规模和类型也越来越多。但是,伴随着数字化社会的形成,安全、隐私和伦理问题逐渐产生,引起了人们的广泛探讨。

(一)分布式自治保障人工智能数据安全

认知计算的成功并不以图灵测试或模拟人类的能力作为判断标准,它的标准更加实际,贴近每个人的生活。因此,在人工智能大规模落地之前,数据安全和隐私问题亟待解决。在隐私轻易被泄露和创作被轻易侵权的今天,社会公众必须信任人工智能技术能够给人类带来的安全利益远大于伤害,才有可能发展人工智能。因为人工智能的发展伴随着越来越多的个人数据被记录和分析,而在这个过程中保护个人隐私、明确数据的所有权和使用边界是社会信任能够增加的重要条件。

人工智能模式可能将多台设备连在同一个网络上,在遭受黑客攻击时可能相关联的部分都会被控制,造成恶劣影响。运行在区块链上的人工智能更可能聚合大量数据和模型,极易成为黑客攻击的目标。在区块链上存储原始数据和文件的哈希表,通过哈希算法来验证其他拷贝,并将结果与区块链上存储的数据进行对比。由于区块链上的数据储存在百万计的节点上,任何数据篡改都会被及时发现。另外,此类技术还可以应用在对透明度、细粒度数据要求高的领域,比如医疗行业。医疗机构需要处理大量敏感数据,极容易成为黑客攻击的目标。区块链技术可以在跨机构药证、分享的病人完整数据,生成不可篡改的治疗流程数据账本记录,以及维护临床试验采集数据的完整性上都非常有用。

分布式存储系统也可为链上数据安全提供解决方案,使用以太坊区块链和星际互联文件系统来注册和解析域名。利用区块链存储 DNS 条目,可提高安全性。公开透明的分布式 DNS,将使任何单一实体几乎不可能随意操纵条目。而且区块链技术将消除与 DNS 读取相关的网络费用,只会增加更新条目的成本。这有利于解决互联网基础设施的压力,这也意味着可以消除传统 DNS 的许多冗余。

区块链具有数据加密、不可篡改、来源可溯的特点,作为安全的分布式自治网络基础设施有望成为下一代互联网。未来区块链可能改变许多行业的商业模式,使人们从信任一个中介机构转而信任一个不可人为操控的智能合约。在价值互联网上,数据及数据产品可作为所有权明晰的资产流通起来,共享生态将激发创新、创造新的社会价值。人工智能具备自主决策能力，能够调度资源并不断进化。区块链可为其提供发展的土壤，给予 AI 所需要的数据、算法和算力，两者结合将有助于发展出更强大的人工智能系统。

（二）区块链为数据的安全流通搭建桥梁

数据在人工智能的许多领域可能异常有效，许多公司通过各种产品收集用户数据，不断迭代产品使其获得用户的青睐。正是因为互联网时代的这种竞争，企业和机构纷纷建立起自己的数据"护城河"。但是每个企业都希望获得更多的横向数据，从而建立更大的消费者数据库去更好地指导业务拓展。因此，企业或机构一边希望获得跟业务或用户相关的数据，一边又担心自己数据会泄漏。许多公司认为数据共享带来的风险高于回报而不愿提供自己的数据，这就是现有数据交换中心面临的困境。

由于人工智能在算法优化阶段需要投入大量的算力，除了算力巨大的投入外，还需要集合全球爱好者的算力资源，来持续为人工智能算法进行优化运算。可见集合全球人工智能爱好者所共享的分布式算力已经能够为一个单一领域的人工智能算法优化提供强大的支持。

深度学习社区与计算机围棋爱好者社区通过分享各自的 CPU，在深度学习的过程中不断获得算力的输出，对算法持续地进行着判断权重的优化。算力的输出实际上集中在算法的优化，实际的运转仅需要少量的算力执行优化过的算法就行，但实际上算法的优化就来自反复博弈，每一个算力参与节点都是在不停地进行自我博弈，自我博弈的过程往往使用的是这个节点的本地算力，但过程与结果会在事后向整个网络进行同步反馈，成为整体的学习成果。

（三）区块链加密性保护 AI 创作版权

人类的大脑是有逻辑和创造力的，逻辑是有序的，而创意和直觉可以是凌乱的。很难说出人通过什么样的机制达到创作的状态，如何激发灵感产生独创性的作品。人工智能在模拟创作方面，深度学习算法已经取得突破。在互联网快速发展的今天，人类艺术家通过数字化工具创作的数字艺术、网络文学作品已经成为传统行业中不可忽视的部分，便捷的网络带来分享和传播便利的同时也面临盗版泛滥的问题。无论是人类创作还是 AI 创作，这都是无法回避的挑战。

共享到区块链上的数据本身具备资产属性，可以直接交易与变现。区块链可以标记创作的来源和去向，构建智能合约在开放平台上出售作品使用权时自动完成版税支付并颁发授权许可，对创作者直接形成激励。这也可能成为一个数据共享的驱动力。在 AI 支持下，算法通过学习 1~10 小时就能模拟出风格鲜明的画家作品、音乐作品，快速习得的"风格迁移"作品产出数倍于人类临摹或创作，而消费者可能因为喜爱这种风格而接受此类产品。这就意味着只要研发出一种算法就可能产出大量名家的模仿作品，成为创作市场争相追逐的对象。这将改变艺术、设计、文学、新闻及影视文化等诸多创作行业的版权保护现状，进一步促进文艺行业的全球化传播和数字化发展。

区块链能够为人工智能带来全球规模的数据、算法和算力，助其成为自主进化的高级人工智能。在安全的范围内，可以预见区块链对人工智能应用落地的助力，链的分布式和加密性可使个体或机构放下疑虑共享数据，并在授权他方使用中获得收益，这种激励必将促进行业繁荣兴盛。

三、区块链与人工智能融合的优势

首先，对区块链和人工智能技术的研究及应用均以大量真实数据为基础。作为一个分布式数据库，区块链需要保证网络中多个节点共享真实的交易记录，形成冗余备份，进而保证链上数据的完整性和一致性。人工智能算法的研发也需要大量真实的培训数据集，采集的数据越多，则人工智能算法的结果越准确。

其次，区块链技术能够帮助人工智能应用更好地完善数据的收集、存储和处理。在数据的收集方面，人工智能技术的发展依赖于大量数据，区块链通过引入点对点连接的方式来解决这个问题，同时，区块链数据的难以篡改性也保证了数据的真实性。在数据的存储和处理方面，利用区块链分布式的数据存储方式能够将目前中心化数据存储和运算的模式改进为去中心化的模式，因而有助于利用分布式的算力对数据进行处理，加快人工智能算法的训练。在人工智能算法的标准和共享方面，利用区块链的价值链特性，可以解决算法的有偿共享问题，可以帮助人工智能市场变得更开放。

最后，人工智能将使区块链更加自治和智能化。人工智能算法的引入能够改进区块链的共识机制。

第三节 区块链与人工智能融合的行业应用

在互联网、大数据、区块链、人工智能等技术的发展过程中，技术新概念是从未间断的，但万变不离其宗，这些技术本质上都是信息技术。信息技术构建了人类数字化的生活方式，从衣食住行到工作环境和商业活动，包括社交网络、电子商务、虚拟现实游戏等。所有人类在物理世界的行为活动被映射到数字世界，都是被数字化的过程。经过这个过程，行为活动最终被刻画成数据并存储在数据库中。

一、区块链与人工智能在金融行业的应用

随着互联网、人工智能及区块链技术的快速发展，我国金融行业也呈现出多种发展路线，政策引导及行业趋势使金融行业不断拓宽范围，形成了智能金融、互联网金融、供应链金融、金融科技等多种发展方向。智能金融即将人工智能技术与金融行业相融合，以优化算法、大数据分析、云计算等高新科技为核心要素，全面赋能金融机构，提升金融机构的服务效率，拓展金融服务的覆盖范围及纵深，使大众都能获得平等、高效、专业的金融服务，实现金融服务的智能化、个性化、定制化。智能金融基于不断成熟的人工智能技术在金融行业的应用，逐渐获得金融行业的认同，其具体应用包括以下几个方面。

（一）智能金融信任平台

区块链是一种分布式数据库技术，具有防篡改、可追溯等作用，在智能金融领域可以具有确保数据的真实完整性以及分布式数据处理等优势。智能金融以人工智能、大数据及云计算为主要依托。其中，大数据是智能金融的核心，云计算则是智能金融的实现工具。利用区块链的分布式数据存储技术，可以确保海量数据的难以篡改和可追溯性，在确保数据准确性的同时实现了智能金融的精准定位，打造金融信任平台。区块链技术在智能投顾、风险控制和智能获客等场景具有较大的发挥空间。

1. 智能获客

智能获客是以大数据为基础，通过数据分析和特征提取技术对金融用户进行画像，并通过建立不同需求的响应输出模型，从而极大地提升获客效率。对于垂直创业企业来讲，获客成本至关重要。随着互联网的快速发展，市场流量竞争愈演愈烈，流量获取成本大大提高，严重限制了中小型企业的发展。智能获客通过人工智能技术进行场景创新，形成了新型的低成本获客模式，将智能技术与产品运营相结合，而不是粗暴的流量买卖，在提高获客效率和精准度的同时，也为中小型创业企业替用户信息画像，为用户提供准确的匹配服务，提高业务效率。尤其是对于目前的互联网金融、教育、医疗等热门行业来说，更是获益匪浅。

2. 大数据风控

大数据风控是指结合大数据分析、云计算、智能分析算法，搭建反欺诈、信用风险评估模型，从多维度、全方位控制金融机构的信用风险和操作风险。即通过海量数据优化风险评估模型的方法找到模型最优配置参数，从而对借款人进行风险控制和风险提示，同时避免资产损失。传统的风控技术多由各机构自己的风控团队以人工的方式进行经验控制。但随着互联网技术的不断发展，整个社会发展大力提速，传统的风控方式已逐渐不能支撑机构的业务扩展。在风险控制方面，区块链技术可以提高风控数学模型的准确性，提供更有效的风控服务。而大数据对多维度、大量数据的智能处理，批量标准化的执行流程，更能贴合信息时代风控业务的发展要求。越来越激烈的行业竞争，也正是现今大数据风控如此火热的重要原因。

3. 智能投顾

智能投顾是指基于大数据和算法能力，对用户与资产信息进行标签化，精准匹配用户与资产。智能投顾又称为机器人理财，是基于客户自身理财需求，通过数据分析和搜索算法来替代完成以往人工提供更科学精准的理财顾问服务。根据投资者提供的风险承受能力、收益预期目标以及个人风格偏好等要求，运用一系列智能匹配算法及投资组合优化理论模型，为用户提供最终的投资参考，并根据市场的动态对资产配置再平衡提供建议。智能投顾可以利用区块链技术进行数据存储和处理，在确保数据完整性和安全性的同时，利用分布式网络结构可以实现数据并行处理，提高了数据的安全性和处理效率。目前，智能投顾主要包括智能选基金、智能调仓、智能服务等业务。

（二）智能供应链金融

供应链金融是银行围绕核心企业，管理上下游中小企业的资金流和物流，并把单个企业的不可控风险转变为供应链企业整体的可控风险，通过立体获取各类信息将风险控制在最低的金融服务。供应链金融为供应链末端中小型企业的融资提供了重要的保障和支持。

1. 智能客服

智能客服是在大规模知识处理的基础上发展起来的一项面向行业的应用，它是大规模知识处理技术、自然语言理解技术、知识管理技术、自动问答系统、推理技术等的结合体。智能客服具有行业通用性，不仅为企业提供了细粒度知识管理技术，还为企业与海量用户之间的沟通建立了一种基于自然语言的快捷有效的技术手段。此外，智能客服还能够为企业提供精细化管理所需的统计分析信息，拓展客服领域的深度和广度，大幅降低服务成本，提升服务体验。

2. 金融云

金融云服务旨在为银行、基金、保险等金融机构提供IT资源和互联网运维服务。依托云计算能力的金融科技，为金融机构提供了更安全高效的全套金融解决方案。我国有大量城镇银行在IT和互联网方面较为薄弱，因此在网上支付以及和支付宝对接的过程中会遇到各种困难。在供应链金融领域，利用区块链技术防篡改、可追溯的优势打造智能供应链金融，不仅降低了银行的放贷风险，还为企业提供了有力的信任凭据。在接入金融云服务后，银行可以用较低的成本实现在线支付和网上银行。

3. 身份识别

以人工智能为核心，通过活体识别、图像识别、语音识别、OCR（Optical Character Recognition，光学字符识别）识别等技术手段，对用户身份进行验真，大幅降低核验成本，提高身份核对效率。区块链的分布式数据存储可以保留完整供应链条中所产生的数字凭证，而且保障了账本的可追溯、透明、防篡改。银行、供应链平台方可以利用账本中的数据构建供应链企业信用评级模型，通过多维度数据训练并完善模型，为供应链企业提供完整、合理的融资评级指标。

二、区块链与人工智能在工业互联网的应用

工业互联网的关键技术包括传感器技术、微型化、人工智能、低功耗与能量获取技术、信息与通信技术、计算机网络技术、工业组网技术、网络管理与系统运维技术、信息处理技术、海量信息处理、实时信息处理及安全技术等。互联网技术已经应用于各行业的生产流程以及制造业的产业结构调整中，促进了各个工业企业在节能减排、提高生产效率、提升生产效益等方面的改善。在应用上，通过对终端数据的采集及分析，可以帮助企业分析各类设备或产品的状态，实现对异常状态的预警或报警，从而实现预测性维护，避免非计划停机；还有助于帮助企业改进产品性能、降低能耗、保障安全等。

（一）打破企业内部的"信息孤岛"现象

工厂生态圈是指工厂内部各系统之间的协同与互联，有效地解决了"信息孤岛"问题，充分利用数据，并提高了数据交互效率和各部门协同办公的效率。区块链技术可以将生产控制、生产计划、企业管理、能源管理等各个系统信息融合起来，利用区块链的溯源和难以篡改的特点，保证企业内部各部门的协同办公有迹可循，结合数字签名和智能合约等技术特点为企业内部责任追究提供凭据。同时，传统

企业数据集中存储的机制一旦遭遇攻击就会导致数据大量泄漏，而基于区块链技术打造的工厂生态圈采用的是分布式账本技术，区别于传统中心化系统结构，将原有中心化数据中心的结构改为分布式数据存储，大大提高了工业互联网的数据安全性和完整性，有效地遏制了企业数据的泄漏和恶意篡改问题。

（二）防止恶意终端设备接入

在工业物联网领域，恶意终端设备的接入已经极大地影响了工业物联网的安全性和工业生产。利用非对称加密原理，为每一个终端设备分发数字证书，为终端设备提供公私钥，在终端设备上传数据时对数据进行编码或加密，在服务器端对数据进行解码并形成终端设备公私钥对应表。没有编码或无法用表中公钥解密的数据将被自动删除或报警，从而提高工业生产的安全性。

（三）降低设备成本

在未来，不断开放的网络服务应用程序接口将允许设备进行连接，与复杂的多厂家网络合而为一，协同工作。3D打印和数字化制造将使得制造商可以小批量地建立和部署生产设备，快速地创造新产品和提出解决方案。如此一来，数以千亿计的设备将不会再比现在非智能的设备更加昂贵，并能够运转，成为复杂的整合系统的一部分。

三、区块链与人工智能在车联网中的应用

车辆网的产业链无人驾驶汽车是车联网与人工智能发展到一定阶段的产物，也被称为轮式移动机器人。它利用车载感知设备采集车辆的基本指标及运行环境，并以车载智能驾驶计算机系统为核心进行信息融合、数据挖掘、智能识别、决策运行，从而控制车辆的转向和速度，自动规划行车路线，达到安全行驶的目的。目前，无人驾驶汽车的应用主要涵盖安全驾驶和自动泊车两方面。

（一）区块链技术打通产业链数据流

区块链采用分布式数据存储机制，具有可追溯到难以篡改的优势，非常适用于产业链数据的互通互联。而且，利用区块链技术进行数据互通具有较好的扩展性。建立产业链数据互通平台，有助于车联网产业之间进行业务流转和数据存证。汽车生产商与车载硬件生产商可以通过平台与网络运营商进行硬件网络传输的业务交互，改变车联网服务商垄断的现状，并解决网络运营商对实名制及费用计算的要求。

（二）区块链技术有助于拓展车联网的商业模式

汽车在实际行驶过程中难免会因为某些特殊原因而产生交通事故。如何划分

事故责任、如何做到公正裁决等问题需要进一步深入讨论与验证。利用车联网结合区块链技术可以打造汽车运行状态监控平台，平台接入车辆拥有独立的身份证书，车联网技术为状态监控提供海量的汽车运行数据，包括状态参数、传感器所采集的外界环境参数、视频和图像分析的关键结果等。利用区块链技术难以篡改的特点保证平台数据的安全性和完整性。平台将涵盖车辆监管部门、保险公司、汽车生产商等相关机构。车辆数据受到监管部门的监管，从而规范驾驶行为；保险公司将根据汽车行驶数据进行事故追责和保险理赔，避免骗保现象；汽车生产商将通过汽车行驶数据监控产品状态，为其研发和生产提供数据支持。

（三）区块链有助于无人驾驶汽车监管

无人驾驶汽车的安全问题一直是大众关注的焦点。从研发测试到投产应用，无人驾驶汽车一直是一个黑盒系统，不受任何监管控制。外界对无人驾驶汽车的测试指标、性能状态都处于未知状态，导致研发过程中出现的纰漏和技术问题没有被及时发现，因而造成较严重的安全隐患。利用区块链技术分布式存储的特点可以对无人驾驶汽车的生产测试数据进行实时分析和监督，搭建包括监管部门、汽车设备生产厂商、研发测试商等多方在内的联盟区块链数据共享平台。设备厂商可以通过监控元器件关键参数给出设备运行状态建议；监管部门可以实时监控无人汽车研发和测试阶段的关键参数，并进行安全评估，只有达到安全评估标准的样车才能进行路上测试。利用区块链数据共享平台实现了无人驾驶汽车的透明化，提高了生产研发安全指数。

（四）去中心化数据控制方式促进数据共享

以自动驾驶为例，驾驶员拥有在拥挤城市道路快速应变的能力，在连绵山路也可应对自如。自动驾驶汽车应该具备至少和人类驾驶员同样的驾驶能力。然而实现自动驾驶远比多数人想象得复杂得多。一辆车首先需要通过它的环境感知系统采集数据，多维度分析天气情况、信号灯情况、前方是否有人或有车等驾驶环境和路面交通情况，传导驾驶控制决策模块形成操作指令，完成刹车、加速、开启信号灯等操作。测试车辆的自动驾驶系统需要大量真实场景数据训练模型，但空有驾驶里程也是不够的。在空旷高速路上学习的驾驶技能，不太可能适应拥堵的城市路段。

如果相关企业能共享各自的路测数据用于模型训练，甚至道路上的车能分享行车数据给研发机构，不同驾驶环境和路况场景的数据量将成倍增加，整个行业的前进步伐可能会更快。当然这样的数据分享可以以有偿形式进行。区块链基础的数据共享方式可以保证数据来源和去向明确，没有中间平台留存数据。去中心化的数据控制方式将促进数据的共享，更多训练数据的共享，也意味着 AI 模型的共享，新的商业模式由此形成。

四、区块链 + 人工智能应用领域探讨

区块链与人工智能的融合发展及优势受到越来越广泛的关注，并在信息共享、安全保密、监督透明、溯源确权和信任协作等在内的众多领域得到广泛的应用。

（一）需要实现高质量信息共享的领域

区块链 + 人工智能技术将会有助于实现全球高质量信息资源的有效共享。人工智能技术的实现需要大量的数据和信息，而区块链恰巧可以通过其分布式的技术特点对分散、多源、多渠道的信息资源进行整合汇总，并经过确权保护后上传。在此过程中，区块链技术可以有效地进行资源调配和过程记录，人工智能则对区块链收集的数据信息做出评估、理解和决策，并从中进行筛选和择取。经过人工智能分析、预测和评估后的有效数据通过区块链分布式的各个节点进行共享，实现高质量信息的高效共享和使用。

（二）需要满足数据安全保密的领域

在信息安全和保密方面，区块链系统中包含较高的加密技术，非常适合存储高度敏感的数据，技术本身有助于实现数据的加密。在加密的同时，人工智能技术可以提升网络安全和机器自主性控制，通过智能程序和技术手段满足安全需要，在全过程清晰的安全保护中提高数据和模型的可信性，随时提供清晰的路径来追溯机器决策全过程，保证数据及交易的安全。另外，区块链数据库以加密状态进行存储，意味着只要实现了私钥的安全，链上的所有数据就可以保证安全。而人工智能技术涉及构建算法，该算法可以在区块链数据处于加密状态时处理数据，从而在保密状态下实现安全。

（三）需要开展监督，实现信息透明的领域

区块链 + 人工智能技术可以更好地开展监督检查，促进行业的公开透明。无论人工智能技术在哪个领域的应用，如果它不被公众监督，不能够保证信息的公开透明，那么它的实用性将会受到很大的限制。区块链技术通过搭建包括监督部门在内的各方数据平台，开展实时的数据分析，针对问题提出合理化建议，实现过程的公开透明，推动人工智能技术在行业中的应用，为人工智能技术的深入发展保驾护航。

（四）需要进行溯源和确权的领域

人工智能技术应用需要区块链技术进行补充完善。一方面，人工智能有时作

出的判断和执行的任务在人为因素的影响下会存在偏差，后续如果出现失误和问题，可以通过区块链技术进行过程跟踪和责任追溯，防止出现责任推诿和数据毁坏现象，发现问题及时修补和更改，出现事故进行溯源和追责。另一方面，人工智能有时做出的决定让人类很难理解，需要将人工智能做出的决策通过区块链记录下来，使用者可以通过查看区块链记录的数据信息，对人工智能决策的过程节点进行分析和理解，以便更好地进行决策数字经济建设与发展研究。

（五）需要建立信任，实现多方协作的领域

网络信息时代，各类网站平台的开发、执行及供求信息的匹配都可以借助人工智能技术得以实现，但目前信息不真实、彼此不相识、信任有危机的问题阻碍了行业的健康发展。通过建立信任，实现多方有效协作的呼声日益高涨。区块链技术恰恰可以帮助解决信任问题，搭建彼此之间真实有效的交流平台。与人工智能单纯依靠现有的数据信息进行智能匹配不同，区块链可以将参与者的各项信息打上时间的烙印，提供给需求者查阅参考。其所提供的信息难以篡改，保证真实。同时，利用智能合约建立广泛参与的记录评价机制，激发广泛参与的热情，保证链上匹配信息及时、真实地反馈，在真实数据下建立彼此的信任，实现多方协作。

区块链和人工智能技术是两把开启未来信息技术制高点大门的钥匙，两种技术都具有开拓性和革命性。两者的有效结合有助于提升技术水平，更好地发掘各自的技术潜能，实现1+1＞2的效果，在更多行业得到应用，为更多领域的发展提供支持和保障。

第七章　数字经济下的产业重构

第一节　工业互联网

一、工业互联网理论

（一）工业互联网是时代的选择

我国工业互联网技术相对差距较小，正成为国内智能制造基础设施的主要选择。工业互联网是智能制造发展的基础，它可以提供共性的基础设施和能力。

智能制造主要需要两大基础：一是工业制造基础，包括先进的工艺、材料、技术和制造能力；二是网络化和数字化基础，它是将设备、产品、客户、员工业务流程、订单和信息系统连接而成的网络，通过网络采集数据并进行分析，相关的结果用以提高生产效率，减少资源消耗。

国内智能制造选择的其实是一条介于两者之间的"中间路线"，也就是将工业互联网作为重要的基础设施，为工业智能化提供支撑。在国内这种道路选择中，工业互联网可能会发挥更大的作用。一方面，国内具备较强的工业制造能力，产业门类齐全，产业链完整，大量工厂、车间以及生产线都具备网联化的潜力，只是自动化水平同德国还相差较大；另一方面，国内物联网、移动互联、人工智能、云计算、大数据等技术在迅速发展，工业互联网同国际水平的差距明显小于传统的自动化、数控领域。因此在智能制造体系中，国内也会重点做智慧工厂、智慧车间、智慧生产线，但是其中会加大工业互联网技术的应用，充分利用国内信息化的优势，以补足在自动化等传统领域的短板。

从业务需求来看，工业互联网可以从工业和互联网两个角度来探讨。首先是工业角度，工业互联网主要表现为：从企业内部生产系统，到外部商业活动的智能化，利用ICT技术实现了机器之间、机器与系统以及企业上下游之间的实时连接和智能交互，从而带来商务活动的优化，其应用的技术，包括泛在感知、实时监控、精准控制、供应链协同、数据集成等。其次是互联网角度，主要包括由外而内,通过外部的商业互联网创新业务来拉动内部生产组织和制造模式进行改造,主要业务包括精准营销、个性定制、众包众创、协同设计、协同制造等。

从业务架构来看,工业互联网由网络、平台和安全三大要素组成。首先,平台是核心,在传统工业云平台的基础上,通过物联网、大数据、人工智能等技术的应用,实现制造能力开放、知识经验复用和开发者集聚,从而提升工业知识生产、传播、利用效率,最后形成海量开放App应用与工业用户之间相互促进、双向迭代的生态体系。其次,网络是工业互联网发展的基础设施,特别是5G的发展,给行业带来了重大发展机遇和变革。最后,安全是工业互联网健康运行的保障,并且其重要性还在持续提升。

(二) 工业互联网的安全防护策略研究

工业互联网是互联网在工业中应用的一种延伸也是工业经济与互联网技术深度融合的一种新型基础设施。工业互联网中的安全元素较多,既有设备、控制、网络、平台等基础设施的安全保护,还涉及上层应用中的App、数据的安全问题。工业互联网的基础是网络体系,中枢是平台体系,要素是数据体系保障则是安全体系,建立全面、科学、合理的安全防护策略,才能为企业的工业互联网发展保驾护航。工业互联网的安全防护策略应从监测预警、应急响应、检测评估和功能测试等多个维度考量,建立全面的安全防护体系。

1. 工业互联网安全防护的现状

当前工业互联网不仅是国家信息基础设施的重要组成部分,更是制造业企业信息基础设施的重中之重。全球工业互联网安全事件频发,已经严重影响部分企业的正常运转,甚至一些重要企业的工业互联网遭到攻击,严重危及国家安全。各类企业在工业互联网建设和运营过程中的职责,并对各级企业的安全防护工作提出明确要求。整体来说,大多数企业没有自己的工业互联网安全防护体系,防护技术仍然存在诸多薄弱环节,安全检测标准未明确对于企业工业互联网数据的管控力度较弱。同时各企业的重视程度不足,高端人才储备较少,也是普遍存在的现象,提升工业互联网中企业的安全防护水平迫在眉睫。

2. 工业互联网安全防护面临的风险

(1) 缺乏统一接入的安全标准

虽然近年来工业互联网的应用增长速度较快,不少企业搭建了自身的工业互联网平台,但是基本处于互不相干、各自为政的状态,多数工业互联网平台将精力投入到了功能研发,而忽视了安全防护标准的研究。尤其在安全标准方面,缺乏安全防护体系构建的具体标准和框架模式,致使各企业之间采用了不同的安全防护策略,效果参差不齐。这样极不利于我国工业互联网安全防护工作的有效执行与可持续发展。

(2)安全风险的来源广泛

工业互联网为企业的生产经营带来了便利,同时也带来了更多的风险来源。除常规互联网中存在的设备风险、网络风险、平台风险和数据风险外,还存在控制风险和标识解析风险。控制风险主要源于设备控制系统自身的漏洞,包括程序编码的逻辑漏洞等。标示解析风险则由于为机器设备提供编码、注册和解析服务,可能出现拒绝服务的攻击标识、劫持、重定向攻击等方面的风险。特别是解析服务,一旦出现根节点被破坏的问题,可能导致整个解析服务。另外,需要注意的是,大量分布的数据采集器有可能成为网络攻击的跳板,对整个体系造成更多的安全风险来源。

(3)工业互联网应急机制不够完善

大多数企业接触工业互联网的时间较短,对于应对生产事件的经验较足且拥有完善的应对机制,但对于工业互联网领域基本没有针对性的专项预案和应急机制,同时缺乏相关的经验以及专门的负责人。多数企业仍然未设立应急响应的组织机构,未明确相关人员的应急职责,未对可能发生的工业互联网事件进行细致的分析,以确立有效的应急处置手段,总结成操作手册,形成专项应急预案与更新机制,并定期演练。

(4)风险安全事件的预判和分析能力欠佳

企业工业互联网用户对于安全基线和安全风险特征库的概念与操作还较为模糊,不能清晰定义企业自身的安全基线和特征库。部分企业在工业互联网的建设中,更注重数据的采集、控制却忽视了安全设备的配置。当风险安全事件发生时,由于缺乏主动发现的能力,致使其不能在第一时间被发现,造成大规模的企业工业互联网安全事件,甚至危及国家网络安全。目前针对工业互联网的攻击手段呈现出多样化的趋势,既包含传统的拒绝服务攻击、口令攻击、后门程序攻击,也出现了劫持攻击和欺骗攻击。每种风险安全事件对应的检测和分析方法各异,要求预判分析者具有较高的综合能力和对风险敏锐的嗅觉。如果建立自身的风险监测和研判体系,适时更新特征库,对于风险等级有明确的划分,形成动态的感知,构建预警机制,则能及时报警,化解风险,防患于未然。

(5)用户身份认证和访问控制策略欠缺

从工业安全态势报告的数据中不难发现,工业互联网的企业用户在用户身份认证、用户口令和访问控制策略方面的有效性不足,不少用户的系统使用权限远大于其岗位需求。同时，用户口令复杂度的要求较低，导致整个用户目录被遍历的风险加大，易被攻击者拿到最高管理员权限，产生安全系统性的风险。有些企业的工业互联网对于访问人员和访问源地址的控制策略不到位，常常忽视访问权限的设置，使许多不相干人员能轻松进入系统，导致安全事件频发。

（6）安全事件的审计和追溯能力不足

安全事件的审计主要是针对工业互联网交互过程中的相关信息进行识别、记录、存储和分析，一旦发生安全事件，系统具有还原事件、追溯真相的能力。这样既能保证企业所有的工业互联网用户能对其自身的行为负责，还能在安全事件发生时，第一时间追踪到相关人员和安全行为，为事件的分析奠定基础。然而，在实践中，不少企业忽视了工业互联网中安全事件审计体系的建设，致使在安全事件发生时不清楚攻击的来源，也不清楚哪里出现了漏洞，更不清楚哪些人员该为此次安全事件负责。

（三）工业互联网安全防护的设计原则

1. 整体性原则

工业互联网中企业安全防护的设计原则，必须从整个网络的总体进行考虑，避免出现木桶效应。企业安全防护的整体性考量就是要从每个环节的薄弱点出发，对企业整体的工业互联网环境进行全面、完整的分析，找出安全威胁和漏洞，提高工业互联网安全的最低点。

2. 平衡性原则

工业互联网的安全防护需要在网络、设备与平台的可用性和安全性之间找到平衡点，同时还需要正确处理企业市场需求、生产实际与资金约束等功能要求，以及外部风险之间的关系。

3. 一致性原则

工业互联网的规模随着应用的增加而逐步扩大，这就要求企业在设计自身的安全防护体系时，尽量保证遵循一致的标准，这样既有利于整个系统的互联互通和可扩展，更有利于安全标准、策略的统一，同时能够降低企业安全防护的成本，减少安全防护人员的工作量，保证工业互联网安全防护策略的动态发展。

（四）工业互联网安全防护体系的构建策略

工业互联网中企业安全防护体系的构建，需要从监测、防御、审计和加固等角度，通过身份认证和用户权限的控制、审计，以及数据流量的分析，加强工业互联网的安全性和可用性。

1. 建立企业级的工业互联网制度体系

不论是缺乏统一接入的安全标准，还是应急响应机制不健全，或是用户身份认证和访问控制策略松散，其本质原因就是多数企业尚未真正建立工业互联网的管理制度体系。做好企业安全防护策略的第一步就是要将所有的安全动作形成制度文件，明确事项的标准处理流程。从安全联动、身份与权限管理、终端安全验证访问、流量安全和安全策略等方面入手，规定好终端、主机和数据的安全基线。加快企业自身工业互联网分层分级安全管理制度的建立，明确工业互联网平台企业安全、工业互联网标识解析企业安全、工业互联网企业数据安全和工业互联网关键要素安全的具体内容、执行情况和监督考核机制。同时对安全事件的预测、发现、追溯、加固和应急处理进行明确的规定，规定负责人和相关参与人员，并规定安全风险事件的分级原则以及其上报和处置流程、时间限制等。特别需要制定权限开放的审批流程，对于特殊情况下的权限扩大须配有评估机制和闭环措施。对于企业工业互联网的普通使用者，需要通过管理制度和奖惩措施，进一步提升其安全意识。总之，制度体系是整个安全防护体系的根本，只有通过制度体系增强全员意识。规范运行、维护和使用过程中的各种行为，才能让安全防护策略达到最佳效果。

2. 做好基础性的安全防护工作

工业互联网安全防护体系中，基础性的安全防护工作，包含了安全软件及其补丁的选择与管理、物理和数据安全、身份识别与认证、权限控制、远程访问、安全监测和分析等。在安全软件的选择与管理方面，由于某些工控设备的特殊性，需要针对不同的环境进行软件功能性、兼容性方面的测试。对于工业互联网而言，还需要注意病毒库和特征库的及时更新。配置和补丁管理方面需要建立黑白清单，定期开展配置审计，在配置发生变更时，严格做好安全测试工作。当设备或系统发布漏洞时，及时采取补丁升级策略。当然，在安装前，就需要完善补丁的安全评估和测试工作。边界安全防护主要是通过防火墙以及边界安全防护网关等设备进行操作。物理和数据安全防护针对软硬件设备所在的物理区域进行监控、限制无关人员进出、排除小动物破坏等，还需要对设备的外设，如USB接口、光驱等进行限制，防止病毒、木马通过外设进行入侵。身份识别与认证不仅是针对用户口令进行验证，更需要通过双因子或者多因子认证的方式来加强身份认证的管理，还能通过定时的密码更改机制和密码复杂度要求预防弱口令事件的发生。权限控制则要以最小特权原则为基础，根据工作岗位的实际需要开通权限，将权限范围限定至最小。远程访问安全控制方面需要限制工业互联网与互联网之间网络服务的开通,若确实需要访问的,必须采用堡垒主机、VPN 等方式,并对访问日志进行记录。安全监测和分析是借助于设备对工业互联网中的攻击和异常进行识别、报警、记录和分析,目前运用较多的是网络态势感知技术。资产安全和数据安全主要是通过冗余设备、网络和电源等,并配备容灾和备份软件,通过数据通道加密和数据库加密等方式。确保资产和数据的安全性和可用性。

3. 运用新技术增强安全防护工作的保护力度

当前技术的更新速度较快,如大数据、人工智能、区块链、隐私保护等技术均可用于增强工业互联网的安全防护力度。工业互联网属于敏感领域,运用国产密码算法代替国际通行的密码算法势在必行。密码技术不但能对数据本身进行加密,还能对数据传输的通道进行加密,应用区块链,防止数据被篡改或合法用户越权存取数据。在新一代加密技术中,高效无证书密码系统 ECS 使用较多,该系统的公钥无须证书系统管理,密钥管理简洁,具有极低的带宽和存储开销,密码算法实现高效,同时支持强不可抵赖的身份认证能力,与工业互联网中的场景较为匹配。人工智能技术可以提高工业互联网中网络威胁的大数据分析挖掘能力,可以轻松应对成千上万的网络流量和日志分析工作。同时可通过人工智能,优化算法算力,构建工业互联网的安全大脑,根据设定和自主学习的安全基线,进行预测、发现和分析。区块链技术可用于保障工业互联网中各类数据的真实性与完整性,实现数据权益保护,还能预防身份盗窃和对多重签名进行访问控制。隐私保护对于用户的非个人信息进行加密处理,能更高效地提升用户数据的安全。

工业互联网的安全防护策略应该是一个完整的体系,需要从风险评估、安全基线、漏洞监测、应急响应和实时恢复等方面入手,在完整制度体系的约束下,做好基础性的安全防护工作,善于运用新技术提升安全防护的纵深防御能力,最终实现工业互联网安全防护能力的全面提升。

二、5G+ 工业互联网市场

(一)5G 催化下工业互联网市场步入快车道

工业互联网以机器、原料、控制、信息系统、产品的网络互联为基础,在 5G 催化下,工业互联网市场将加速发展。通过对工业数据的全面深度感知、实时传输交换、快速计算处理、高级建模分析,从而实现智能控制、运营优化和生产组织方式变革。可以说,5G 技术有力地提升了数据传输的效率,提高了工业互联网的能力。

制造业改革是我国经济社会发展的必然选择。一方面,需要面对劳动力成本上升、资源与环境约束等问题。过往我国经济发展主要通过资源要素投入，走的是粗放式的发展模式，没有进行精细化管理。在此情况下，资源浪费以及环境污染问题也不可避免地出现。而为了实现可持续发展，国家对资源以及环境的约束亦随之产生，成本的突然增加让工业企业利润增速放缓，运营难以维持，因此对工业进行改革是必然的选择。

新时代的信息技术发展为制造业发展提供了新方向。信息技术是各国在发展科技时重点关注的领域，经过多年的发展，移动互联网、云计算、大数据人工智能等新一代信息技术不断取得新的突破性进展。目前，基于信息物理系统的智能装备、智能工厂等智能制造正在引领制造方式的变革；包括网络众包、协同设计、大规模个性化定制、电子商务、精准供应链管理、全生命周期管理在内的领域正在重塑产业价值链体系。此外，新一代信息技术与制造业深度融合，正在形成新的生产方式、产业形态、商业模式和经济增长点，这也为我国制造业的再发展提供了技术支持和变革方向。

工业互联网的定义可以从四个层面理解：

首先，从广义上来看，就是"互联网＋新一代信息技术＋工业系统"。工业互联网是互联网和新一代信息技术和工业系统的全方位深度融合后，形成的产业和应用生态，是工业智能化发展的关键综合信息基础设施。其本质就是以机器、原材料、控制系统、信息系统、产品以及人之间的网络互联为基础，通过对工业数据的全面深度感知、实时传输交换、快速计算处理和高级建模分析，从而实现智能控制、运营优化和生产组织方式的变革。

其次：从狭义上来看，工业互联网是在工业生产过程中的互联网应用，包括生产设备、生产线结合的数据采集、集成、监控等信息化。以工业App的形式为制造企业提供各类创新应用，最终形成资源富集、多方参与、合作共赢、协同演进的制造业生态。

再次，从生产端角度来看，工业互联网就是借助网络，将生产线上的设备连接在一起，通过对设备端数据的搜集，实现从单个机器到产线、车间甚至是整个工厂生产状况的监测与控制。通过智能平台实施智能决策和动态优化，不仅能帮助提升全流程生产效率，还可以提高质量、降低成本。

最后，从商业端角度来看，产业链上中下游的利益相关方通过搭载工业互联网平台，能够将各方在生产、运输等全流程中产生的数据进行整合交互，打破信息孤岛，让信息传递与资源配送更加高效。工业互联网由边缘层、网络层、平台层、应用层四大层级组成，其中，边缘层、平台层、应用层是工业互联网平台的三大核心层级。第一层是边缘，通过大范围、深层次的数据采集，加上异构数据的协议转换与边缘处理，构建工业互联网平台的数据基础。第二层是网络，将边缘层构建的数据传输至平台层，从而形成工业互联网平台的衔接单元。第三层是平台，基于通用 PaaS 叠加大数据处理、工业数据分析、工业微服务等创新功能，可以构建出可扩展的开放式云操作系统。第四层是应用层，形成满足不同行业、不同场景的工业 SaaS 和工业 App，体现了工业互联网平台的最终价值。

（二）工业互联网市场的发展特征与发展路径

在 5G+ 工业互联网市场发展驱动力由政策驱动转向市场内生驱动转换的关键拐点，分析 5G+ 工业互联网市场在发展初期阶段供需两侧的市场特征，尤其是需求侧的个性化需求特征，选择符合当前 5G+ 工业互联网市场发展特征的技术、商业路径，对 5G+ 工业互联网市场的健康发展，对制造业实现数字化转型升级具有重大积极意义。5G+ 工业互联网供需失衡，固然与 5G+ 工业互联网处于发展初期阶段有关，但根本原因可能仍然在于供给侧没有正确认识 5G+ 工业互联网市场本身的发展阶段特征。在 5G+ 工业互联网处于市场发展驱动力转换的拐点的关键时刻，厘清 5G+ 工业互联网内生驱动发展的动力及可能的突破口，对于我国经济社会的数字化转型尤为重要。

1. 5G+ 工业互联网市场发展特征

（1）5G+ 工业互联网市场处于发展初期阶段

从时间维度看，5G+ 工业互联网发展时间历程较短。制造业整体上对于 5G+ 工业互联网如何赋能产业转型升级还处于观望、探索阶段。

从供需角度，供需两侧整体上处于磨合期。供需两侧对于 5G+ 工业互联网的发展方式、落地模式存在一定程度的认识偏差，造成需求侧难以判别 5G+ 工业互联网对改善企业生产管理水平，实现降本增效的效能。

（2）可复制性差是 5G+ 工业互联网市场不同于消费互联网的显著特征

消费互联网通过一款高度标准化的软件产品提供给个人用户，就具备了从商机到收益的市场闭环。囿于工业场景的复杂性和"千企千面"的个性化需求，工业互联网基本不具备通过一款标准产品就能满足不同行业的需要，甚至多数情况下，即便在同一行业，工业互联网产品也不具备规模化应用的能力。因此，相比于消费互联网产品，工业互联网产品或项目多数是场景化的，可复制性比消费互联网产品要低很多。

通常，5G+ 工业互联网市场产品或项目要求供给侧具备以下三个条件：

①必须具备需求侧涉及的生产工艺等专业领域知识。

②拥有恰当的、能够解决需求侧需求的专业产品/工具。

③通过较高的技术服务水平满足需求侧的个性化要求。然而，5G+工业互联网市场供给侧很难同时具备上述三个条件，这也是 5G+ 工业互联网市场产品或项目可复制性差的根源。

5G+ 工业互联网市场产品或项目可复制性差也很难通过资本市场的力量加以解决。5G+ 工业互联网市场产品或项目可复制性差不仅提高了 5G+ 工业互联网项目的建设成本，进一步压制了需求侧的增长，拉长了 5G+ 工业互联网市场的成熟周期。

（3）需求侧尚不具备规模开展 5G+ 工业互联网建设的条件

制造业整体上可以开展 5G+ 工业互联网建设实现转型升级的前提是：自身在自动化、数字化、信息化和人才方面已经具备了一定水平。中小型企业在工业互联网领域的人才储备、可投入资金存在明显短板，目前难以承受 5G+ 工业互联网建设项目投资。因此，整体上我国工业企业需要补齐在自动化、数字化、网络化、信息化方面的短板；在建设投资可负担性、人才储备方面也难以承受规模开展 5G+ 工业互联网建设。

（4）供给侧自身能力与需求侧要求还有较大差距

①技术能力

工业互联网平台供给侧主要的问题在于没有满足需求侧对可定制、轻量化的要求，其原因在于供给侧以 IT 的思路做 IT 和 OT 融合的项目，主要表现为：

第一，需求侧要求的是能够解决某影响生产单一环节、单一产线的工业互联网平台，比如仓储物流，多产线/车间之间的生产联动与调度。而供给侧很难为客户提供"量身定制"的工业互联网平台解决方案，因为这会造成供给侧产品维护成本的急剧上升。

第二，需求侧对工业互联网平台的要求是以解决具体生产问题为导向的，而供给侧常常因为不了解工业现场的生产工艺、业务逻辑，难以为客户提供与之适配的工业互联网平台。

第三，需求侧"数据不出厂区"的要求，导致供给侧提供工业互联网平台必须具备私有化部署的技术特性。囿于成本和技术实施难度，供给侧推动平台私有化部署的意愿较低。

第四，需求侧对 OT 域数据及 IT 域数据的互联互通具有强烈需求，但 OT 域数据采集涉及众多采用不同工业协议的工业设备。目前供给侧提供商多来自 IT 领域，对工业设备、工业控制系统开展互联互通活动时，在数据采集的稳定性、解耦性等关键技术环节存在短板，影响了项目建设的最终成效。

②商业模式

供给侧必须认识到5G+工业互联网市场的市场推广模式与消费互联网存在显著差异：消费互联网借助资本力量+地推的模式就可以快速占领市场的商业模式不适用工业互联网市场。工业互联网市场属于2B市场。2B市场的项目建设决策链长度、建设周期远大于2C市场，对产品稳定性、对售后服务及时性的要求也远高于2C市场。

需求侧能够为5G+工业互联网创造的新价值付费，但不会为5G+工业互联网的技术先进性付费。供给侧需要扭转当前以"技术先进性"为核心的市场落地策略，转向以解决"5G+工业互联网融入生产环节创造新价值"为核心的市场落地策略。

2. 5G+工业互联网市场发展推进路径

（1）5G+工业互联网在制造业市场落地的首要场景

生产管理层是5G+工业互联网在制造业市场发展落地的首要场景。在工业现场，尤其是制造企业，企业的经营管理活动分为两个层次：运营管理层和生产管理层，也即传统意义上的IT和OT层。IT层的数字化、信息化程度要高于OT层。IT层的核心是数据互联互通，进而实现基于数据分析的企业辅助决策。在实施层面，IT层的易实施性也优于OT层。相反，在数字化、信息化、可实施性等方面不占优的、却直接承担制造企业的价值创造的OT层，对于通过5G+工业互联网实现降本增效的意愿更强烈，困难也更大。

5G+工业互联网建设项目要考虑生产管理层的特点。这些特点包括生产管理层的组织方式、工序特征、技术可承受度等。脱离具体生产管理层对象的可承受度将直接影响5G+工业互联网建设项目的建设成效。

（2）5G+工业互联网是制造业数字化转型的核心"软装备"

工业互联网本质是一个工业软件产品：通过采集生产经营数据、分析数据、融合专业领域知识，再反向控制物理实体实现价值创造。与传统的专注单个或多个生产环节的工业软件相比。工业互联网对生产环节覆盖的广度、深度要远远高于传统工业软件。

广度。工业互联网不仅承担了MES软件对人员、资源分配、计划安排与执行等生产联动与调度的功能，而且把生产装备的联动控制也纳入工业互联网的功能范畴。

深度。工业互联网不仅注重对单个生产环节的充分感知、实时决策，反馈控制，而且更加注重对整体正常环节的充分感知、实时决策，反馈控制。受益于工业互联网的开放性,先进的专业知识也得以及时融入工业互联网的控制逻辑,快速提升制造业企业的经济效益。

因此,5G+工业互联网是制造业数字化转型、数字孪生工厂的核心"软装备"。

3. 标准化开发平台+个性化技术服务的技术发展模式

5G+工业互联网建设项目可复制性差的主要原因是制造业现场的个性化需求。个性化需求直接抬升项目投资和延长实施周期,进而延长投资回报期。标准化开发平台+个性化技术服务的技术发展模式是提高5G+工业互联网建设项目可复制性的有效手段。

(1)标准化开发平台聚焦5G+工业互联网建设项目的共性需求。网络接入管理、数据存储管理、工业物联模块、工业控制模块以及用于能力输出的对外接口模块。

(2)基于标准化开发平台提供的底座能力,通过技术服务满足客户的个性化需求。满足制造业现场的个性化需求的技术服务可由标准化开发平台提供商完成,也可由第三方合作伙伴完成。

标准化开发平台+个性化技术服务的技术发展模式不仅有效降低了项目建设成本,而且有利于通过专业化分工的方式建立更加完善的5G+工业互联网建设项目交付生态,推动5G+工业互联网健康繁荣发展。

4. 生产管理组织方式是5G+工业互联网发挥最大效用的重要因素

作为一种技术手段,5G+工业互联网是制造业的数字化转型的有力工具。但数字化转型的成败取决于生产组织方式、人才、技术、管理方式等多种因素。先进的生产力需要与之适配的生产关系。因此,针对数字化企业对生产组织方式、部门岗位设置、工艺改进等要求,优化现有生产组织方式对发挥5G+工业互联网的最大效用具有重要意义。

目前,5G+工业互联网正处于由政策驱动力转向市场内生驱动力的关键发展拐点。正确认识5G+工业互联网市场在发展初期阶段的特征,尤其是需求侧个性化需求,正确认识5G+工业互联网项目技术模式和商业模式,对5G+工业互联网市场快速通过供需两侧的磨合期进入以市场内生动力为主的阶段具有举足轻重的意义。

第二节 新型交通网络

一、智慧交通加速超级智慧城市建设

智慧交通是智慧城市的重要组成部分，是国家交通强国战略的核心内容，为了加强城市现代化治理能力，提升交通管理服务水平，围绕智能交通建设规划，加大资源投入力度，积极推进智能技术在交通管理领域的创新应用，针对系统缺乏整体性、硬件设施扩容难、技术架构升级难、数据汇聚共享难等核心问题展开分析研究，不断补强短板，增强综合效益。

20世纪初，不仅强调了交通基础设施建设，还强调了科技创新驱动，这将为市场带来新的机遇，短期ETC需求将集中释放。从中期来看，智慧高速和城市综合交通治理将带来新的市场机遇。从长期来看，智能网联将具有广阔的前景。此外，交通信息化项目未来将更强调对新技术应用和综合解决方案能力的要求，因此有望大幅提高行业壁垒，从而有望改变目前行业非常分散的竞争格局，提升行业集中度。

具体来说，首先是城市轨交固定资产，其完成一般包括施工准备、路基工程、轨道工程、电气化工程、信息化工程、车辆购置和其他流程。其中信息化工程占到总投资额的近一成。其次是轨道交通产业链，其中涉及设计、总包、施工、运营和智能化等各部分，包含原材料、机械设备、电气设备、交通运输等多个行业，轨道交通建设加码能够带动上下游多个环节投资的大幅增长，发挥基建托底经济的作用。最后是轨交信息化建设，包括综合监控系统、综合安防系统、乘客资讯系统、自动检售票系统、通信系统和信号系统六大系统。根据前瞻产业研究院数据，六大系统中信号系统的份额最大，占比近三成，其次为综合监控系统，占比为16%。

（一）创新科技支撑，加快智能交管基础建设

1. 建设交通数据资源中心

打造交通大数据资源中心，建成交通云平台，完成视频专网、公安网云计算平台建设，通过大数据基础平台，实现海量交通数据的汇聚存储。同时，加强数据治理、数据安全管理、资产管理。通过分析不同数据之间的关联关系，结合业务应用需要，对数据进行加工、转换和建模，构建各种主题库和专题库。部署大

数据应用平台和 AI 能力平台，汇聚交通管理领域视频图像智能分析、交通信号智能优化、交通路况、交通拥堵、交通事故、交通违法分析及警情警力智能调度等模型算法，实时进行数据分析和数据挖掘。对成果数据，加强部门间业务协同和数据共享，发挥各部门、各行业的优势，实现大数据分析的研判和资源中心数据池资源共享。

2. 专网整体架构升级改造

网络是数据交换共享的基础支撑，加快交管视频专网整体架构升级改造工作，建设万兆级双链路骨干环网，形成覆盖广泛的视频专网框架。加强视频专网与互联网、公安网、政务外网、执法记录仪/车载设备接入网以及互联网与移动警务网的安全边界系统建设，实现各类交管业务数据多网互联互通。搭建安全管控平台，实现视频专网终端设备准入控制、非法接入设备阻断、数据防泄漏等功能，全面提升信息安全管控能力。开展城区主要路口网络改造，全面提升前端设备数据稳定性和安全性。做好系统梳理排查工作，加快视频专网在网设备 IP 地址改造升级。

3. 搭建交管实战应用平台

加强交管实战应用平台建设，搭建情指勤督一体化平台，实现情报研判、指挥调度、勤务管理、督查考核、高速公路指挥调度应用、系统管理、移动警务终端 APP 等功能点的开发、部署上线工作。搭建交通平台，通过诸多功能模块的开发，实现交通需求特征分析、交通事件影响分析、交通拥堵分析、交通感知与预测、出行车辆研判分析、视频图像智能分析管理、特定场景交通管控、交通诱导发布等交通态势感知应用和交通综合管控应用。

4. 完善智能感知执行体系

积极拓展配套，完善智能感知执行体系。提升外场执行系统，开展信号控制、交通视频监控、电子警察等智能交通外场设施改造建设，包括信控点位、交通视频监控、高点监控、闯红灯自动记录系统、非机动车违法检测、违停自动抓拍系统等诸多设备设施和子系统。改造提升高架管控系统，涵盖高架桥流量感知系统、升降式限行管控、匝道信号系统、变道抓拍、匝道诱导等方面建设。同步完成公安交通集成指挥平台、六合一平台升级扩容及车驾管电子档案系统升级扩容、新建智慧受理、检验监管智能审核等系统以及交通事故音视频系统建设。

（二）打造交通超脑，构建智能交管应用系统

1. 交通感知一屏显

搭建交通大数据资源中心，建设交通指挥大屏，开发建设超高分可视化系统，包括综合态势、视频巡查、警力警情、应急指挥等主体模块，通过一个平台、一张

图，统一接入全市交通卡口、电警、视频、信号机、诱导屏、执法记录仪、车载移动执法等各类设备数据资源，能够实现交通感知信息一屏显示，保证全部设备可视、可管、可控，通过大屏全面展现交通类警情、秩序处罚、交通事故、车驾管业务办理等交管主要业务数据，让指挥调度工作"耳聪目明"。采用"堵点挖掘－堵因分析－拥堵治理－效果评估－持续优化"模式形成交通拥堵治理闭环管理，通过视频智能分析自动检测交通违法、事故、拥堵等异常交通事件，实现警情的主动发现、快速处置，交通指挥的精准可视化分流管控，在高架管控、可变车道、违法整治、信号控制等方面均发挥了突出作用。

2. 信号优化一灯行

建设信号配时中心，组建信号配时中心和专业信号优化团队，建立支队、大队、中队三级联动的信号整体优化工作机制，常态化开展路口渠化、视频、卡口流量数据采集和研判分析，对交通信号分类管理、精准施策。搭建交通流量分析研判和信号优化控制功能模块，实现对路口渠化、视频、卡口流量数据动态采集和分析。开展全市交通信号设施基础信息规范采集建档、接入联网，实现路口车道、相位、配时等多项信息精细动态管理，多时段科学配时，依托平台开展单点、路段、区域信号智能分析优化。借助交通流分析研判功能，针对早晚高峰出行，以及节假日景区周边区域交通保障，开展历史出行交通流数据分析，研判交通流分布特点和拥堵点，组织重要节点信号调整优化，通过媒体或交通诱导屏发布，引导市民合理安排出行。

3. 情指勤督一键呼

通过视频巡检警情和指挥调度系统联动，指挥中心可在一张图上实现电子围栏、警员定位、警情派出、视频调阅、路况监测，从而实现精准快速指挥。基于平台一张图，整合接入全市警员、警车、对讲机、执法记录仪等装备视频图像和定位信息，全面掌握路面监控实况、警力资源分布，实时精准排布勤务工作，动态监测警员位置轨迹，实现勤务全方位可视化指挥调度。通过执法记录仪、警务通 APP 和平台的综合应用融合开发，实现接处警、预警信息全流程数字化流转处置，指挥中心、分控中心、路面警员三位一体的全流程、可视化指挥处置。搭建特勤管控功能模块，实现安保特勤线路交通管控预案规划设置，特勤车辆实时定位、轨迹线路实时监控、交通信号智能优化、自动绿波协调控制，沿途警力资源实时掌控、动态调度，提高特勤安保指挥调度效能。

4. 视频分析一点通

创新交通大数据智能分析应用，提升城市精细治理能力。围绕大货车闯禁行、高架智能管控、可变车道、特勤任务等多种实战应用场景，实现视频图像实时监控、自动巡检和交通拥堵、交通事故、交通违法等异常事件或违法行为智能分析预警。充分利用天网、雪亮、交通等非智能监控设备，实现对交通事件和违法行为的24自动巡检，比如交通违法、交通事故、交通异常等，联动视频事件检测警情与公安网指挥调度系统，形成事件警情发现、反馈、处置的闭环流程，提升整体警情处置效率。搭建事件检测功能模块，围绕城区重点违法行为查处整治，针对性地开展场景实战应用，支撑违法行为实时查处及高发区域、时段分析，指导大队精准打击和合理勤务安排。搭建车像、人脸智能识别比对功能模块，实现驾驶人失驾、无证驾驶、准驾不符、拨打电话、不系安全带等严重交通违法行为智能分析比对、实时预警检查，为重点交通违法整治提供了高效精准的技术支撑。搭建高速交通管理功能模块，接入高速公路视频、气象数据资源，实现视频图像巡查巡检和事件自动检测预警，与总队道路交通安全指挥调度平台实现共享联动。

5. 交管业务一指办

建设交警微信公众号服务大厅，构建交管业务互联网服务统一"窗口"，完成电动车上牌申请、车驾管业务预约、一键挪车、有奖举报、停车诱导、城市道路施工信息发布等常用交管业务办理，大幅提升交通管理便民服务效能。在互联网、警务通、公安网分别建设拖车管理模块，实现拖车信息采集、入库、通告、放行等电子化、流程化、规范化管理，车辆拖移后车主可及时收到短信提醒，并可在微信公众号查询。开发车驾管、违法处罚业务预约以及电子通行证网办、电动车上牌等功能模块。开发停车诱导、道路施工信息发布功能模块。采集录入全市停车场信息实现出行停车精准导航，实现道路施工信息发布与高德、百度数据同步，方便市民出行精准掌握交通状态，提高交通出行效率，提升群众获得感。

6. 数据研判一库汇

建设交通管理大数据平台，融合汇聚交管业务及部分交通运输部门的业务数据，完善交通数据资源目录，实现交通运行的动静态信息、交管部门管理决策信息的统一存储和管理。开发关键堵点挖掘分析模块，基于机器学习和深度挖掘技术，构建多维度智能模型算法，监测道路拥堵态势，分析拥堵规律，从堵点定位、堵因分析、治堵方案、效果评估四个方面形成交通拥堵治理闭环。开发交通事故专题分析模块，针对简易事故和一般事故，进行事故形态、事故成因分析。开发车辆与驾驶人分析研判模块，融合数据资源，开展报废车、未年检上路行驶研判预警，为事故预防、源头治理提供精准服务支撑。

（三）智慧交通建设中存在的典型问题与优化策略

1. 典型问题分析

在项目建设推进方面，由于城市大建设、轨道交通、高架桥等诸多因素导致的变更调整，需要开展大量工作，程序多、要求高、协调量大，容易使工期滞后。在系统应用支撑方面，随着系统接入资源的不断提升、应用推广的不断深化，系统计算、存储资源将形成能力瓶颈，资源能力有待扩容，感知执行体系有待提升，智能化管控手段配套不足，感知检测、预警防范能力不足，道路安全隐患大。

2. 优化策略研究

严格标准规范，加快推进项目建设验收。对照信息化项目管理程序规范，围绕项目变更论证审批、试运行、初验、终验、审计等各项后续工作，梳理细化任务内容，制定清单列表，严格质量把控，严格规范程序，推动项目尽快完成建设验收。围绕服务实战，持续深化系统应用推广。优化机制标准，推动规范和技术导则修订，围绕新技术发展和实战需求，提升智能交通设施建设技术标准，拓展交通流量、事件智能感知设备和执行管控手段建设。

积极推进智慧交通建设，提供高效、共享、便民的交通服务，是提升城市发展水平、改善政府服务效能的重要手段。通过先进科学技术的运用，完善交通信息全息感知系统，建成高效稳定的基础支撑体系，加快智能应用系统开发，满足管理、打击、防范、服务、管控的实战要求，有利于解决交通管理难题，全面提升城市交通治理精细化、智慧化水平。

二、区域经济一体化的加速

建设轨道交通是解决我国大城市严峻交通形势的最佳选择。自20世纪初以来，我国轨道交通每年新增运营里程就在不断地增加，未来，随着城镇化的推进以及对绿色出行的更高要求，可以预测轨道交通的建设需求依旧很大。

目前中国城市轨道交通已经进入高位稳定发展的阶段。城镇化的进程让一二线城市交通形势日趋严峻，再加上国家对环保要求的日益提升，于是发展城市轨道交通就成为缓和交通压力，满足绿色出行要求的主要选择。

随着我国城镇化率的快速提升，城市人口的大幅增长，城市交通形势变得日趋严峻，尤其是在一二线城市中，运量较小的公共汽车和无轨电车等传统的公共交通方式已经越来越无法满足居民高质量的出行要求，许多问题例如道路拥挤、事故频发、能源紧张、大气及噪声污染等也随之而来。

各城市要根据资源节约和环境保护的要求，以节能减排为重点，大力发展低碳、高效、大容量的城市公共交通系统，大力倡导绿色出行，还要科学研究确定城市公共交通模式，有条件的城市应有序推进轨道交通系统建设。从总体上看，城市轨道交通具有运量大、人均占用道路空间资源少、能耗和污染低等特征，此外，它的快速通达性能够加速城市人流、物流、商流和信息流的快速流动，提升沿线土地的价值，重构城市商业版图，甚至引领城市发展的潜在效应，或将成为解决城市严峻交通形势的最佳选择。

第三节　新能源

一、能源互联网与安全保障：特高压

特高压，指的是 800 千伏及以上的直流电和 1000 千伏及以上交流电的电压等级，它能大大提高我国电网的输送能力。我国是世界上唯一一个将特高压输电项目投入商业运营的国家。此外，国家电网早已经启动混改并首次向社会资本开放特高压投资，用解决资金问题的方式，进一步提高特高压持续建设的确定性。

中国因为国土面积较大、电力需求较强，因此积极发展特高压建设，并承包其他经济体的相关建设项目，中国特高压建设逐步出口全球。但因为经济原因或对远距离、大容量电力传输需求的降低，这些经济体暂缓了对特高压项目的实践运用或降低了输电等级。

以 5G 基站、大数据中心为代表的信息新基建领域都是耗电大户。从区域分布来看，中国八成以上的煤炭、水能、风能和太阳能资源分布在西部和北部地区，七成以上的电力消费都集中在我国东中部地区，资源分布消费严重不均。上述情况就迫切要求中国进一步开发新能源以保障能源供应，而风电、太阳能等新能源发电具有随机性、波动性的特点，使得必须建立清洁能源大规模开发、大范围配置、高效利用的能源互联网，即"智能电网＋特高压电网＋清洁能源"。

特高压具有输送容量大、送电距离长、线路损耗低、走廊利用率高的特点。特高压可以更好地连接电力生产与消费，并变输煤为输电，改善生态环境。首先，特高压连接电力生产与消费，优化了资源配置。其次，特高压能够有效消纳清洁能源，将"三北"地区的清洁能源输送出去，通过建设大容量坑口电站，变输煤为输电，能够提高综合利用效率，从而保护生态环境。最后，特高压是目前世界上最先进的输电技术，工程建设能够推进包括换流阀、新材料、电力电子等高端

装备制造的发展，符合国家产业转变和升级的趋势。

换流站和变电站作为特高压核心内容，设备厂商集中，将充分得益于特高压建设加速。特高压产业链包括塔架、电缆和主设备三类。其中，受运输成本和调试时间的影响，塔架和电缆等项目市场较为分散。

二、电力行业的新周期

新基建将成为电力行业的好机会，原因有以下几点：

首先，特高压与充电桩的直接利好。从最初最基本的新基建定义来看，包含的七大领域，它们分别是：5G基站建设、特高压、城际快速铁路和城市轨道交通、新能源汽车充电桩、大数据中心、人工智能、工业互联网，其中特高压和新能源汽车充电桩是与电力行业直接相关的。

新基建对于新能源汽车充电桩的刺激，不仅有望强化电网公司在充电桩运营领域的优势，还有利于电网公司以更多手段来对电网实现动态平衡。随着充电桩数量的进一步大规模地增长，电网公司完全可以整合充电桩资源为一个动态的大型能耗用户。利用大数据技术，电网公司可以通过对电动车充电的调度，让充电桩参与不同区域电网的调峰，既降低了成本、提高了利润，又完善了资源配置、强化了电力消纳。

其次，随着耗能大户增加，缓解用电增长的需求贯穿了整个新基建所涉及的各个领域，这都对电力消费有着一定的刺激作用。其中更是以5G基站、大数据中心、轨道交通为耗能大户。

5G基站大规模建设带来的用电量大增，不但可以一定程度上缓解发电供给过剩的情况，在电力市场化交易不断完善的背景下，发电集团也不用担心利润大头被电网公司分走，自己完全可以下场竞争。同样是稳定高耗能，但是和5G基站相比，大数据中心更加不受地域限制。至于城际快速铁路和城市轨道交通，这类企业本来就是现在电力市场交易中的"兵家必争之地"。现在新基建加强了这块建设，自然对于发电企业有了更多的机会。

最后，新基建其实不止于基建，还有电力企业的转型需求。基建的最大作用并不是这些项目本身，而是这些基础性项目建成之后对相关产业的推动和促进作用，这才是基建最核心的意义。新基建也是同样的，电力企业不应当只将眼光放在项目本身及其带来的收益上，更应当思考这些基建项目的建设对于自己的公司和所处行业，在未来数字化智能化时代将发生哪些颠覆性的变化。否则，即使是在项目建设中受益，也会在未来发展中掉队。

随着电改进程的加快，中国电力体制、电力市场都将发生颠覆性的变化。未来更灵活、更高效、更具竞争力的体制和市场是必然的趋势，许多普通发电企业早已面临着资产质量下降、供给过剩的危机。此外，即使是那些有垄断性质的电网企业也将面临传统业务收益下滑、投资回报率降低等挑战。总之，只有企业自身瞄准趋势实现转型，才能在未来的电力体制和市场中更具竞争力，才能存活和发展。

除此之外，5G时代和大数据时代的来临，也给电力企业带来了更多的商业机会。正如3G和4G时代诞生了BAT和庞大的互联网消费端独角兽一样，在未来5G时代，迎来的将不仅是通讯技术革命或者是消费革命，更是新一轮的工业革命。

总之，新基建对于电力行业的利好不是仅停留在建设项目本身的层面。如果电力企业可以及时发现新基建背后所蕴藏的机遇，将有机会引领整个未来。

三、充电桩与新能源汽车

（一）新能源汽车是中国实现汽车强国梦的途径

在中国实现汽车强国梦的过程中，建设新能源汽车是现实选择，是推动制造强国和网络强国建设的重要支撑和融合载体。汽车是国民经济的重要支柱产业，是体现国家竞争力的标志性产业，在汽车产业，电动化、网联化、智能化、共享化正在成为发展潮流和趋势。充电桩可以被认为是新能源汽车的"加油站"。

（二）充电桩的数字化是刚需

作为新能源汽车的基础设施，缺少充电桩导致充电难的问题，是制约中国新能源汽车发展步伐的一块重要短板。私人充电桩建设远远达不到预期，对小区电网负荷冲击较大是重要因素，未来需要推广社区智慧充电，从而有效实现削峰填谷，降低电网负荷。

未来，新能源汽车续航里程还将持续提升，大功率充电将是行业趋势。由于高续航里程降低了里程焦虑，行业整体续航里程处于提升态势。从下游新能源汽车整体续航里程来看，续航里程处于上升阶段；从各级别车辆的结构来看，电动车市场选择趋向多元，高性价比和高性能或并行于市场。高续航里程能够显著降低消费者的里程焦虑，在顾客感知收益的激励下，车企有提升高性能路线汽车的续航里程的动力，从而获取较高溢价，所以续航里程仍呈现提升态势。

大功率充电可以减少充电时间，直流充电模块价格逐年下降。随着新能源汽车续航里程持续提升，单车带电量也极大地提高。大功率充电技术能够帮助减少汽车的充电时间，对出租、物流、网约等运营车辆充电功率提出更高要求。充电桩有助于新能源汽车便利性,推动行业发展。充电桩是新一代能源基础设施,是解决纯电动用户里程焦虑、优化用户体验的重要环节。

新能源汽车和新能源汽车充电桩有着相互影响的关系,新能源汽车的发展状况会影响新能源汽车充电桩的建设迫切度,而反过来,新能源汽车充电桩的建设状况会影响推动新能源汽车发展的政策效果。因此,各国对新能源汽车发展的推动政策也能够助力新能源汽车充电桩的建设发展。并且,投资建设新能源汽车充电桩也是推动新能源汽车产业发展的一个方式。各国除投资建设公共新能源汽车充电桩外,还结合税收减免等方式促进私人充电桩建设。

(三)从汽车工业实现制造强国

在企业数字化转型的探索当中,必须要注意的是,企业需要解决实际问题,建立可持续能力,避免陷入概念性和示范性的无休止循环。借助信息科技来跨越工业的变革需要企业的长期努力。在今天的工业数字化转型实践中,以信息与数字化新技术为主,包括工业物联网、大数据和云计算等,并且这些技术目前也已经进入了相对稳定期。采用并协调跨 IT 和 OT 系统的领先管理技术与文化在转型中是系统性工程,而非在分散而孤立的系统之上分层使用数字技术。

企业要利用数字技术和人们建立深层次、更加有意义的伙伴关系,而非单纯提供智能化的产品和服务。企业通过跨界合作,建设新的价值生态的基础来自两个方面:业务增长和新的差异化优势。

在对数字化转型的案例进行分析时,需要将失败的部分与出色的部分同等地表现出来,只要能确定其在企业中起到了深远的作用,都需要踏踏实实地去分析成因,并向企业或转型中的各类组织分享见解和框架,从而补充其自身的独特能力和竞争优势,并将其纳入自己的转型计划当中。

要对业务和技术都做到"以人为本",需要企业在各个层面上,从战略到运营,都拥有更深入的信息和数字化能力。工业数字化转型涉及技术实施、生态系统关系、员工队伍能力、行为设计和行业扩展的每项决定,而且都必须在个人和社会基础上考虑到人的因素。

企业应针对发展程度上的差异,精确评估定位自身发展状态,明确数字化转型方向,将转型的重点工作放在度量和分析、数据治理、领导力和文化 IT、OT 融合,以及工业生态安全等五大方面,积极通过标准与成熟度模型来推动数字化转型。

第八章　数字经济时代的应用发展

第一节　数字经济时代的城市管理

一、数字经济时代智慧城市发展的趋势

智慧城市是人们对美好生活的向往期待。城市发展得好,经济发展才更有动力。智慧城市未来发展趋势主要体现在以下几个方面。

（一）智慧城市的内涵将从信息通信跨界融合多个领域

智慧城市的服务对象、服务内容非常宽泛,核心主线是"利用信息通信技术"提升城市质量,即通过运用信息通信技术,有效整合各类城市管理系统,实现城市各系统间信息资源共享和业务协同,推动城市管理和服务智慧化,提升城市运行管理和公共服务水平,提高城市居民幸福感和满意度,实现可持续发展的一种创新型城市。

可以看出,无论是国际组织还是国内组织,其对智慧城市的理解都源于智慧城市本身的职责范围和研究方向。"新型智慧城市"概念,强调以数据为驱动,以人为本,统筹集约,注重实效；信息共享方式从运动式向依职能共享转变；推进方式逐步形成政府指导、市场主导的格局。

（二）智慧城市的顶层设计回归城市巨系统理念

对于智慧城市巨系统,能够真正提供所有解决方案的咨询服务商、软件厂家、系统集成商几乎没有,因为其涉及的目标维度多、要素多,内部关系复杂,因此在实际开展智慧城市顶层设计、建设实施时往往采取降维思路。降维的根本前提是要找到社会发展的主脉络,即总体趋势是从工业经济、数字经济到智能经济,其中数字经济对工业经济起到了反作用力,包括工业数字化、工业互联网、数字孪生工厂。当前,整个社会都在努力打造数字经济,包括数字化、互联网和物联网、数字孪生三大阶段。智能经济对数字经济也起到了反作用,包括通过智能装备自我数字化、AI扫描形成数字孪生。未来,智慧城市将更多回归城市巨系统,探讨在人类发展的技术经济主线上找到城市的发展位置,基于禀赋发展。虽然是巨系统,但是只要抓住主要矛盾,满足三大目标,服务三大群体,做好长期演进,就能做好智慧城市顶层设计和实施。

(三)数字孪生城市是未来智慧城市的主要内容

工业经济时代经历了机械化、电气化、模拟电路三次工业革命,第四次工业革命是工业制造设备的数字化,属于数字经济范畴,是数字经济反作用于工业、实现再工业化的结果;第五次工业革命是工业互联网与工业物联网;第六次工业革命是数字孪生制造。数字孪生早期应用于高精密的制造业领域。目前,只有个别工业领域完成了第六次工业革命,包括飞机制造、发动机制造、芯片制造等高精尖领域。BIM(Building Information Modeling,建筑信息模型)是数字孪生城市的萌芽,从 BIM 到 CIM(City Information Modeling,城市信息模型)到数字孪生,最后实现了城市的物理世界和数字世界孪生化。数字孪生可以大大提高城市的规划、设计、运营和维护质量;城市的管理运营流程孪生化,让数字多跑路、让群众少跑腿。数字孪生其实就是在创造数字经济的总价值,数字孪生的根本目的不是城市形象展示或城市规划,而是产生新的应用、新的社会价值、新的生产力。

(四)数据产权立法将加快智慧城市进程

工业时代,依靠物权法、民法通则可以确定产权。数字经济时代,数据变成"物",变成可以变现的资源。我国目前的法律除了个人信息保护法、著作权法,还没有与数字经济时代相匹配的法律,导致产权不明晰。产权不明晰就无法确权,无法确权就无法交易,无法交易就无法正常流通。大数据的本质不仅是数据挖掘,更根本的是数据流动、安全可信,以及服务于城市管理、服务于民生、服务于产业的发展,唯此才能发挥数据的最大价值。

(五)城市大脑:从 1.0 时代走向 3.0 时代

交通领域是科技的先锋,从农业时代的马车到工业时代的汽车、飞机,再到数字经济时代的智能红绿灯、高速铁路、无人驾驶、车联网、V2X(vehicle to everything,车对外界的信息交换),无不体现着科技的进步。近年来,智慧城市多体现为城市交通路网的管理、拥堵的提醒、红绿灯的智能潮汐设置、交通应急指挥,城市大脑的设计、实施内容也多体现为交通大脑,因为交通行业是信息化水平高要求的领域,暂且称其为城市大脑的 1.0 时代。未来随着智慧城市的深入发展,将有更多的垂直领域被开发为城市大脑,如医疗行业的健康大脑可以通过城市医院、疾控系统、社保中心、药店进行数据互通,可以及时分析、判断城市中市民的健康状况,提出城市健康发展政策和重大传染疾病应急方案;城市生态大脑可以通过城市环境传感器终端、卫星数据、气象数据、环境监测数据进行综合判断，分析城市的生态质量，如通过复杂科学管理手段分析环境生态数据，预判雨季城市内涝点和灾情防备；城市舆情大脑可以实时分析城市发生公共事件的群体反应，及时采取应急措施。以上这些都是针对不同领域的城市大脑的2.0时代。然而，2.0时代各大脑之间缺乏互通，当城市各领域的垂直数据互联互通时，城市大脑进入3.0时代，但这时它还不具备人工智能的主动思考能力，只有到了4.0时代，预计在2030年后，随着各种城市人工智能基础设施（无人驾驶、AI医疗、AI车间）的推广使用，"它"才会变成"她"。1.0～3.0时代都是为4.0时代打基础，是必经阶段。

二、智慧城市基本思路：需求层次理论

（一）城市建设的需求层次

对于人的需求层次，"马斯洛需求层次理论"，其基本内容是将人的需求从低到高依次分为生理需求、安全需求、社交需求、尊重需求和自我实现需求五个层次。城市是人类生存的空间，其首先解决的是市民的生存问题，如食品安全、饮用水安全、空气清洁等。市民人身安全、市民财产安全、公共设施安全属于第一层需求；城市的清洁卫生、社会治安、生活便捷、城市噪声污染等生理诉求属于第二层需求；社会交往需求，各类社区交往活动、公共文体活动、论坛与展会等社交需求属于第三层需求；被尊重的需求指城市建设的各方参与者，都能平等获得信息，充分表达利益诉求和民意，以及社会公平正义、机会均等需求；自我实现的需求即实现自我价值，这是第五层需求。

（二）智慧城市建设的需求层次

IBM提出了"智慧地球"理念，意在通过"互联网+物联网"为各行各业提供便捷的解决方案。智慧城市建设需求层次属于城市建设的需求层次的子集，因此也应该分为五大层次。

从基本的层面来说，城市的发展起源于农业经济时代的商业活动，兴盛于工业化时期。在数字经济时代，城市管理遵循数字技术发展路线：数字化、互联网、数字孪生、人工智能这些发展阶段，城市运转需要与之匹配的硬件系统、软件系统。我们在建设这些内容时，应该以城市的生存为基础、为最大公约数，包括人口的生存、城市这个硬件的存亡、软件系统的安全。只有以此为最大公约数，制定最基本的安全保障措施，才能在此基础上推进城市的治理、公共服务，人与组织才可以获得均等的机会，充分发挥发展潜力，最后实现人、企业、城市管理者、

城市交通四者之间充分的智能、充分的协同。因此，我们建立智慧城市的顶层设计模型，应摆脱过去软件系统和三层云计算模式的简单思维，更多关注发展轴中的智慧城市建设需求层次，以智慧生存为最大公约数循序渐进开展，不贪大求全、不急功近利，扎扎实实、分步骤实施。

1. 智慧城市建设第一阶段任务：智慧生存

生存是城市发展的前提，如果一个城市在各种灾害中难以幸存，"发展"这个命题则不存在，"智慧"更无从谈起。城市中的潜在威胁很多，如地震、大规模传染病、城市级火灾、大规模食品安全问题、空气化学污染等，都需要结合城市所处地理环境、面临的风险等级去解决。例如，如果城市处在地震带上，应建设一套震前预报、震后救援的地震智能应急系统，不仅在软件方面建立建筑抗震、紧急推送消息、避难指引等智慧地震应急系统，而且需确保地震后通信系统不会马上中断，能应用于救援通信。大规模传染病是每个城市面临的共同威胁，涉及初始发现、社区网格化管理、交通管制、公安视频监控、户籍管理、医疗救援、防护设施的供应、隔离管理、舆情管理等多个单元。

在第一阶段，可形成智慧城市最基础的应用系统，即城市生存保障系统，包括城市应对各种灾害的各子系统，如地震预报与处置系统、大规模水体污染预警与处置系统、高浓度空气污染预警与处置系统等。此阶段是从数字化、互联网、数字孪生到人工智能的不断升级。

2. 智慧城市建设第二阶段任务：智慧治理城市

只有生存下来才能谈治理。城市的绿化、市容市貌、交通、公共安全、购物环境等公共设施等都需要城市管理者进行治理，给市民的吃、穿、住、用、行提供硬件的便利，这属于城市规划和市政建设范畴。智慧治理是在第一阶段城市生存的基础上，通过数字化不断优化城市三大环境（城市上空、城市地面、城市地下三层空间环境）。智慧治理分为数字化、互联网化、物联网化三大阶段。在数字化阶段，传统的人工标签、模拟设备模式被数字化设备取代，只有统一了数字制式，才能互联互通；在互联网化阶段，智慧治理通过协同各部门之间的数字化信息做好相关决策；在物联网化阶段，物联网实现物理环境和城市管理活动在网上同步开展。

3. 智慧城市建设第三阶段任务：智慧服务

智慧服务是在智慧治理的基础上为企业提供营商的全流程服务，优化企业营商环境，为企业搭建财税、工商、安全、品牌打造、知识产权保护、人力资源引进各类便捷平台；为市民办理政务提供高效、便捷的服务，无论市民"漫游"在世界的哪个角落，这种智慧服务使市民具有城市归属感和认同感；为城市管理者提供高效、协同的一体化平台，使城市管理者有更多精力谋划更先进的城市管理措施，提高服务水平。

4. 智慧城市建设第四阶段任务：智慧发展

只有城市中的企业融入当地产业，才能在政府引导下创新发展，才会有持续的发展动力。从企业层面来说，智慧发展需要产业集群、工业互联网、产业互联网的支持，筑巢引凤，吸引更多的世界500强企业、民营100强企业入驻。智慧服务会衍生出更多的社会需求，进一步拉动智慧发展。从政府层面来说，应该鼓励社会企业多参与，营造公平的竞争环境；在教育、就业等方面提供社会供给，吸引人才，助力智慧发展。

5. 智慧城市建设第五阶段任务：智慧荣耀

当人、企业、城市实现了充分自由的发展，每个人、每个企业的发展与城市的发展完美融合，人、企业也就实现了自我价值。城市在发展过程中带动了周边城镇、周边经济的发展，这种被模仿、被强吸引的能力就是城市的荣耀。在这个阶段，城市彻底实现了数字孪生城市、人工智能城市的功能。当前，"城市大脑"严格意义上不是人工智能，仍然属于城市发展的第二阶段，即属于治理城市交通拥堵的智慧交通系统。在城市的智慧荣耀发展阶段，交通完全基于AI的无人驾驶及智能网联汽车，不再需要红绿灯管控。

（三）智慧城市建设等级理论

智慧城市的建设正在不断试错中前进。把智慧城市的建设分为五个级别。

1. 一星级智慧城市

城市在应对自然灾害、大规模传染病等场景下，能够有较大的敏捷性，使生活在城市中的人们损失最小化。

2. 二星级智慧城市

城市在交通、大气、水体、社区治安、生活物资供应方面达到良好标准，实现了治理的数字化、互联网化、平台化，通过各类垂直行业的管理，实现了现代工业化。

3. 三星级智慧城市

城市为市民服务、为企业服务，达到政通人和；城市有独特的文化个性和服务体系，市民的归属感增强；城市有一系列的服务平台，能有效利用移动互联网和物联网实现城市有效治理。

4. 四星级的智慧城市

城市中人尽其才、物尽其用，互联互通，城市走在高质量、相对中高速增长的快车道上，数字经济高度发达。

5. 五星级智慧城市

城市实现了人工智能（AI），工业时代的工作量基本被 AI 取代，数字经济时代的工作将有 50% 被 AI 取代。城市中物质资源丰富，人们摆脱了经济瓶颈与物质限制，实现了自由自主生活。

三、智慧城市基本模型：复杂巨系统

智慧城市是一个复杂巨系统，它具有复杂系统的共同特征：复杂性、随机性、结构性、自组织性。在建设智慧城市的过程中，需要对其进行降维分析，找出关键的维度和各维度分类，在智慧城市复杂、无序、非线性中找到"复杂吸引子"，并找到以数字孪生实施的显性化载体，从时间维度、空间维度、服务对象维度关注智慧城市的长期演进方向。

建设好智慧城市是发展数字经济的基础与重要任务，面对新基建大潮，在智慧城市建设中，传统的线性思维、平面的信息化思维要向复杂巨系统思维转变才能升级智慧城市的顶层设计版本。

（一）智慧城市的复杂科学管理系统特征

复杂系统理论是一门不断发展的科学，其尝试以系统的角度理解世界、探索世界、改变世界、推动发展，相继发展出了系统论、信息论、控制论、耗散结构理论、协同学、超循环理论、复杂科学管理等，其中又有多种分析模型，如多智能体、元胞自动机、蚁群计算、神经网络、无尺度网络等。城市管理属于公共管理范畴，基于复杂系统演进的复杂科学管理系统是认识和管理组织、群体的一种理论体系和实用工具。

智慧城市的复杂科学管理系统特征有以下四个方面。

1. 复杂性

社会层面上的复杂系统是具有思维能力的人介入其中的复杂系统。智慧城市的介入者主要是城市管理者、城市企事业单位、城市居民，各方的利益诉求不尽相同。一个大型城市涉及几百种产业、行业且互相影响；价值多元化，安全价值、文化价值、财政收入价值、生态价值、产业价值、土地价值、地区带动价值等多种价值复杂交叉；法律、风俗习惯、地方条例、规范等各种约束性框架互相影响。可以说，城市的复杂系统不是孤立的，它与自然环境、相邻地区不断交换着能量

和资源，复杂性是智慧城市巨系统面临的挑战。复杂性决定了智慧城市需要有先降维再升维的思路解决智慧城市的建设问题。

2. 随机性

城市系统中的所有个体，包括管理者、企事业单位、民间团体组织、家庭、自然人的行为均具有随机性、不确定性和非线性。个体之间相互影响、不断进化；系统本身及其组成部分受环境影响，随环境的变化而变化，反之亦然。在数字经济时代，信息传播速度非常快，无论是99.999%，还是99.9999%，总有差错概率，这是随机性的表现。由于随机性发生的范围、时间、地点不可知，所以智慧城市要解决的是如何将这种随机性的影响降低到最小。城市管理得越有序，这种随机事件发生的概率、等级就会越小。城市内要素发展的随机性决定了城市要具备容错机制。

3. 结构性

复杂系统具有多层次结构，城市亦如此，如经济结构、产业结构、空间结构、地区规划结构、发展次序结构、管理结构、城市大数据分布结构等，每一种结构从内部看都有一定的线性关系，但是放在复杂系统内又变成非线性关系。每个结构层次的经济利益通常并不一致，需要协调。城市中有主导产业和支撑产业之分；城市中各企业发展存在差异，居民存在贫富差距；城市中有繁华地带，也有落后郊区，有现代化的开发区，也有破旧待升级的老城区。城市结构特点决定了城市管理需要高度协同。

4. 自组织性

自组织性是指系统中许多独立的个体在没有任何人为的策划、组织、控制下进行的相互作用、相互影响、自然演化的自适应过程。自适应性是指复杂系统面对变化的环境所进行的自我调整，包括制定的法律、法规、规章制度、团标标准等。自组织性决定了智慧城市的建设需要采用众包、公共资源采购等多种社会化建设与参与模式，通过市场化规则让智慧城市建设更有生命力和可持续性。

（二）智慧城市的复杂科学管理系统结构

1. 多维价值关系

智慧城市具有复杂系统特点，因此需要降维，找出关键的维度和各维度分类。总体来说，城市首先要以人为本，满足三类人群的需求，包括城市管理者、企业法人、自然人；在时间序列上满足工业经济时代、数字经济时代、智能经济时代的可持续发展；空间要素上满足地下空间、地面空间、城市上空的发展诉求；数据要素上满足采集层、平台层、数据层、应用层四层结构。这些结构集中体现为生活价值、生产价值、文化价值、财政价值、产业价值、辐射价值。

2. 复杂"吸引子"

"吸引子"是微积分和系统科学论中的一个概念。一个系统有朝某个稳定状态发展的趋势，这个稳定状态就叫作"吸引子"。吸引子分为平庸吸引子和奇异吸引子。对城市来说，其具有复杂性、无序性、非线性。而一个世界500强的企业、一个国家级开发区、一个核心商圈就像混沌系统中的奇异吸引子。新型智慧城市主要是以人为本的价值回归，城市管理者关注的是财税收入与决策执行；企业法人关注的是营商环境和产业集聚；自然人关注的是城市服务和生活品质；由此形成了一定的吸引子和决定要素，分别组成智慧城市系统的重要部分，即城市管理系统、产业系统、生活系统，它们之间互相协同，形成整体的智慧城市巨系统。当前，"城市大脑"、智能城市建设的是城市管理系统，对于产业系统很少涉及，但是从复杂科学吸引子的角度来说，大型企业集团、产业集群更能带动城市的发展，因为它们能带动地方财政、居民就业、交通等一系列方面的增长。

（三）智慧城市巨系统框架与机制

智慧城市系统的复杂性在于技术经济演进、城市价值、主体系统、产业系统、环境系统、政策承接与地区协同相互作用的复杂性，通过降维的思路可以总结为时间维度、价值维度和空间维度。时间维度即城市演进的方向是从工业化城市、数字孪生城市到人工智能城市；价值维度在于满足三大主体的需求；空间维度就是城市三层空间的管理，从而形成三大子系统，它们与复杂多变的环境系统建立约束与适应关系，在系统管控下各子系统实现各自目标，最终实现城市的可持续发展。

围绕智慧城市复杂巨系统需要构建相应的实施机制，虽说是"一城一策"，但是智慧城市的总体发展方向和需求内核是类似的，基于本质认知的长远设想是城市发展的思想源泉。如果将城市比作一个大型企业，企业的管理要经历计划、组织、指挥、协调、控制等管理环节。计划层面由智慧城市发展愿景、顶层设计、年度任务组成；组织层面由城市管理者组建的智慧城市建设指挥中心形成"一把手"工程，明确主体责任；指挥层面由地方条例、指导意见、年度考核办法组成；协调依靠的是以建设项目需求为触发点的各个部门之间的政令互通、流程协同、数据共享；控制包括规划评估、智慧城市造价、项目后期评估。总之，智慧城市复杂巨系统是一个循序渐进发展的过程。

四、智慧城市顶层设计：面向数字孪生

智慧城市是数字基建的重点领域，智慧城市顶层设计是智慧城市推进的前提。然而，我国智慧城市的建设大多停留在政务信息化阶段，作用没有得到充分发挥。数字孪生城市与现有智慧城市实践在认知上，包括底层逻辑、技术方案、城市治理理念等方面有着本质区别，智慧城市实践是零碎、片段化、局部的实施，没有形成生态系统，而城市的机械还原论到复杂系统论是数字孪生城市超越以往智慧城市方案的根本区别。

（一）智慧城市顶层设计和实施中的问题

1. 对城市的本质认识不足

城市是人类在农业经济中后期的必然产物，以市场交易为主，逐步具备生活、政治、商业、金融、体育、交通、医疗、安全、文化各个层面的功能，其核心是以"人"为中心。然而，智慧城市顶层设计过多强调城市功能需求，忽视人的诉求。人的诉求即人的需求，从低到高依次为城市安全需求、城市治理需求、城市服务需求、城市发展需求、城市智能需求。

2. 对建设智慧城市落脚点认识不足

智慧城市的本质是通过物联网提高城市的运转效率，属于系统集成范畴，但是近10年智慧城市基本上是在进行信息化建设，包括数字政务、行业管理信息化，物联网成分很少。更重要的是，由于对城市的本质认识不足，导致对智慧城市的落脚点也认识不足。从城市规划、民生政务到产业服务，智慧城市建设无所不包，但没有找到主线，包括时间轴演进主线、技术轴主线、物理载体主线，各种城市要素大而全一哄而上，最终会导致智慧城市建设名不副实。

3. 对智慧城市的呈现载体认识不足

当前，绝大部分智慧城市建设实际开展的是数字政务工作，边进行行业信息化，边进行横向整合及业务协同；一些新城新区则汲取经验，先集约打造云计算中心、运营中心、大数据平台等基础设施和共性能力，再开发建设行业应用系统。智慧城市的本质是将城市的静态和动态物理环境、流程管理活动映射到数字环境中，通过BIM、CIM实施数字孪生的城市，通过一整套"城市操作系统"来完成整个城市运转的数字化。

（二）智慧城市的发展方向

1. 时间轴主线

从地球文明来说，时间轴线上的演进包括自然界的演进和社会的演进。在社

会发展领域，社会演进基本遵循采集经济、狩猎经济、农业经济、工业经济、数字经济、智能经济的演进规律，智慧城市属于数字经济范畴，智能经济由人工智能概念发展而来。城市从农业经济开始出现，必将经历工业经济的城市、数字经济的城市、智能经济的城市这样一个演进路径。随着制造业的发展，工厂逐步从核心城区搬离，产业聚集区、工业园区等更加专业化的工业经济区域开始形成。无论城市的发展阶段如何，从时间轴线上智慧城市的建设都将经历工业经济、数字经济、智能经济三大阶段，三大阶段可以融合发展，但是主线基本不变。

2．技术轴主线

智慧城市的建设已经不再是工业思维范畴，而是通过数字化、互联网和物联网、数字孪生措施实现城市的数字经济发展路线，其中也包括通过数字经济措施继续对工业经济进行转型升级。智慧城市的建设恰恰是通过互联网和物联网向前推进，但总体来看还需要瞄准数字孪生这个方向。每个城市有其发展的自然禀赋、历史禀赋和经济基础，所处的发展阶段不同。从机械化、电气化、电子化、数字化、联网化（含互联网、物联网）、数字孪生、专用人工智能、通用人工智能到最后的超级人工智能，这条技术发展主线始终在潜移默化地起着作用。当前大部分智慧城市的建设其实都在朝着数字孪生方向发展。

3．物理载体主线

众所周知，任何社会事业的推进都需要有一个协同推进的载体，智慧城市也不例外。智慧城市从早期的规划设计、咨询方案到落地实施，正是不断寻找载体的过程。没有载体，智慧城市无法展示，无法显性化。当前，显性化的主要方案是通过智慧城市指挥中心、大屏显示系统等各种方式呈现，实质上是政务信息系统开发、展厅装修、大屏显示的弱电集成。

（三）数字孪生理念

通过物理设备的数据，可以在虚拟（信息）空间构建一个表征该物理设备的虚拟实体和子系统，并且这种联系不是单向和静态的，而是在整个产品的生命周期中都联系在一起。显然，这个概念不仅指的是产品的设计阶段，而是延展至生产制造和服务阶段，但是由于当时的数字化手段有限，因此数字孪生的概念也只是停留在产品的设计阶段，通过数字模型来表征物理设备的原型。可以说，数字孪生就是根据物理世界的物体，通过数字化的手段在数字世界中构建一个一模一样的实体。这一概念最先应用于制造业，其他领域如3D打印、模拟仿真、建筑BIM设计都是对物理环境的映射，从内涵来说都属于数字孪生。从广义上来说，数字孪生还包括各种行业管理、城市管理、企业管理流程、商业活动等所有人类行为过程被映射到网络环境的现象。总之，数字孪生包括两方面：物理环境、流程活动。

（四）基于数字孪生城市的智慧城市顶层设计

1. 数字孪生城市的内涵与外延

数字经济的发展必然经历数字化、联网化（互联网、物联网）、数字孪生三个阶段，这三个阶段并不是逐个实现的，而是在不同行业有不同的发展程度。当前，数字孪生的发展在流程活动层面已经基本上实现孪生，而在物理环境中的孪生还处在萌芽阶段。

数字学生城市内涵就是在城市信息的建设过程中，在虚拟的数字环境中再映射出城市环境中的物理环境和管理流程活动，通过数字孪生理念和统一的平台，实现智慧的城市。当前的"城市大脑"是基于管理流程中数据输出的大数据挖掘，还没有发展到人工智能城市的程度，但最终会回到数字孪生的实践上来。数字孪生的外延除了ICT（Information and Communications Technology，信息通信技术）系统外，还有城市安全、环境治理、居民生活服务、产业发展、商业机制、法律配套等。

2. 数字孪生城市持续演进阶段

数字孪生城市的发展是循序渐进的，数字孪生城市概念并没有广泛推进，但是由于其理念遵循物本原则，即在数字世界里孪生一个城市，因此无论智慧城市进程发展到哪一步，数字孪生城市都是不可逾越的阶段，而且其演进必然遵循以下规律：从建筑行业向园区规划、城市规划行业、公共安全、交通行业、水利行业、商业、旅游行业等逐步扩展；从单体的建筑向建筑群、经济开发区、区、整个城市扩展；从平面2D图向3D图、3DGIS图扩展；从单纯的平面展示向立体、VR展示、全息投影显示扩展；从最基本的城市建设向城市安全、城市治理、城市服务、产业发展延伸；从单体智能向群体智能、"城市大脑"逐步演进。

五、智慧城市基本单元：智慧社区治理

（一）智慧社区发展趋势

社区（包括城市中的园区）是城市行政组织的最基层组成部分，社区—街道—区（县）—城市这条主线是城市管理的脉络。智慧社区主要有以下发展趋势。

1. 社会治理重心向基层下移

到2035年基本实现社会主义现代化，我国经济实力、科技实力将大幅提升，跻身创新型国家前列。到21世纪中叶，实现国家治理体系和治理能力现代化。国家治理体系和治理能力现代化被列入国家政策着眼点的重要战略论述。

在治理体系层面，其实就是理顺政府自身运作机制、政府与市场的关系、政府与人民的关系。在理顺政府自身运作机制方面，强调释放基层活力；在政府与市场关系方面，要依靠市场推动资源有效配置；在政府与人民关系方面，提出要从人民群众关心的事情做起，从让人民群众满意的事情做起。可以看出，理顺政府自身运作机制和处理好政府与人民的关系方面，都涉及基层。把千千万万的基层工作做好，细流汇成江河，才会带来国家治理能力的现代化。

2. 政务服务下沉的发展趋势

政务服务下沉是指政府社会管理方式的改变，即街道从管理人到服务人，社区从管理到自治，为便利群众将直接面向群众的政务服务事项下放至街道、社区。传统的政务服务需要集中到街道、社区一级办理。随着网络化的推进，打通政府服务群众的"最后一公里"、让老百姓在"家门口办事"成为政府服务的主要目标。例如，有的街道社区实行基层医疗的分级诊疗或派驻家庭医生，提高了效率，改善了服务质量，降低了社会成本。

3. 治安治理下沉的发展趋势

基层的稳定带来社会的稳定，基层的安全带来社会的安全，基层的环境美好也会带来社会的环境美好。从安全、稳定这个角度来说，如果社区这一层的功能发挥不出来，整个社会的稳定和发展则无从谈起。

4. 城市数据汇聚的发展趋势

数据产生的源头是基层。对于社区这个基层来说，来自一线的数据才是最真实的数据，但是实际上我们看到很多管理数据来自各个管理部门，各个线条的数据汇总之后只能反映一定的规模，从根本上来说，这种垂直线条的数据实际上处于数据垄断且失真的状态。因此，城市数据汇聚的发展趋势是，数据产生于源头，从基层到管理部门层层汇聚，并且具备纵向的数据更新和横向的数据协同，让数据真正从定期更新转变为实时动态更新。

5. 从智慧社区到智慧城市的发展路径

我国智慧城市的发展经过了两大阶段：第一阶段是行业信息化与横向整合及业务协同同时进行，更多是政务信息化的内容；第二阶段是一些新城新区吸收前一阶段其他地区经验，先集约打造云计算中心、运营中心、大数据平台等基础设施和共性能力，再开发建设行业应用系统。但无论哪一阶段，都是基于行业垂直管理的线条，数据的颗粒度太大，无法进行精准分析；数据容易失真，不能反映真实的基层信息。社区则可以通过对每个小区、写字楼加装人脸识别系统，做到跟踪分析每个人的日常行踪。

从智慧城市的实施过程来看，智慧城市必然经历数字化、互联网、数字孪生三大阶段。智慧城市建设 1.0 模式做到了对于行业管理的数字化、互联、管理活动孪生，而对物理空间还没有做到孪生；智慧城市 2.0 则是在物理空间上从 BIM 到 CIM 逐步实施，从 BIM 到 CIM，实现静态的数字孪生城市；如果要实现动态的数字孪生，则需要各种信息采集设备，如物联网传感器、人脸识别终端、车牌识别终端等各种物理传感器与真实的物理环境进行紧耦合，并叠加在静态的数字孪生城市之上，实现动态的数字孪生城市。

（二）社区管理与服务的痛点与难点

1. 政府层面

从政府管理的角度来说，本辖区内的各项社会运行数据是核心内容。当前的数据基本是从行业垂直线条进行纵向的聚合，导致数据重复。对于智慧城市来说，从城市的数字化到城市互联网、城市物联网再到数字孪生城市是循序渐进发展、一脉相承的过程。从全市角度出发，在数字世界中显示每栋建筑、每条道路、每个商铺等显然是不现实的，而如果从社区层面开始，每个社区把自己管辖范围内的以上内容按照统一的标准进行镜像，所有社区的数据都通过街道、区汇总到城市，数字孪生城市就会实现从 BIM 到 CIM 的转变。智慧城市无非就是管理好物理的城市和城市的数据并实现两者的互动，而当前城市的数据来自各个职能垂直线条的统计数据，而不是来自整个城市，所有角落的矢量化数据，因此只有把智慧社区这个层面做好了，才能称得上是智慧城市。

2. 社区层面

社区不是政府机构，也不是企业单位，它是一种接受街道拨款的事业型民间自治机构。社会学家给社区下的定义尽管各不相同，但在构成社区的基本要素的认识上是基本一致的，普遍认为一个社区应该包括一定数量的人口、一定范围的地域、一定规模的设施、一定特征的文化、一定类型的组织。英文"Cornmunity"一词含有公社、团体、社会、公众，以及共同体、共同性等多种含义。因此，有的学者有时又在团体或非地域共同体这种意义上使用 Community 一词。

社区有三大职能：自治职能、协助职能、监督职能。社区管理的痛点有以下三个方面。

（1）只有"管"没有"理"

"管理"这个词汇，具有两层含义，"管"是管控，包括安全、稳定、秩序；而"理"就是有机整合，通过"理"让社区系统形成有机的整体，形成一套不断迭代的自我治理机制，但是，当前社区如果要做到高效的"管"和"理"存在很多困难。例如，社区、物业、业主委员会、居民之间的治理关系还没有理顺；管理需要信息化，但绝大部分社区的信息化水平不高，甚至全靠手工操作；社区的管理主要是政务服务，但对于居民来说，居民的生活需求是主要内容。因此，如何在做好政务服务的同时又能按需引进社会力量做好生活服务，是所有社区当前面临的共同难点。

（2）职能繁杂

工作线条多，事务庞杂，行政性事务几乎占其总工作量85%以上是一个普通社区居委会面临的问题。社区身兼多项职能，每一项职能的背后是人员的安排、沟通交流、时间调配等，而社区的管理人员一般在5～10人，仅靠社区内的管理人员无法承担庞杂的工作量，如何通过信息化手段把所有职能互联网化、社会化、自动化是社区管理的难题。

（3）缺乏统一的智慧社区平台

当前所有社区都缺少一个统一的涵盖政务和服务的民生大平台。社区与街道之间、街道与上级政府之间存在数据的报送、聚合、统一口径，因此，需要智慧城市的系统性的工作来完成，这也是一个难点。

3. 居民层面

社区的居民关注的焦点集中于吃、穿、住、用、行、教、医等方面。目前，大部分居民对于社区的配套服务不了解，其实社区工作人员已做了大量的工作。社区一般有图书馆、体育馆、社区养老设施等，但是这些设施利用率偏低，或者存在使用管理不规范的现象。此外，全国推广分级诊疗、家庭医生制度缺乏抓手，社区医生与病人之间未通过信息化手段进行互动；居民无法及时掌握社区范围内配套设施信息，存在资源适配问题。

六、智慧城市基本需求：城市安全治理

城市的安全治理涉及方方面面，最基础的安全是城市治安防控，而在城市治安防控领域。

（一）安防视频监控市场需求热点分析

1. 平安城市

平安城市就是通过三防系统（技防系统、物防系统、人防系统）建设城市的平安和谐。它是一个特大型、综合性非常强的管理系统，不仅需要满足治安管理、城市管理、交通管理、应急指挥等需求，还要兼顾灾难事故预警、安全生产监控等方面对图像监控的需求，同时要考虑各系统之间的联动。第1代模拟监控和第

2代半数字化多使用在对安全程度要求较高的场所,如银行、政府机关等场所,市场需求比较集中,但规模有限。

2. 天网工程

"天网工程"是中央政法委牵头,由公安部联合工业和信息化部等多个部委共同发起建设的国家工程。天网工程是指为满足城市治安防控和城市管理需要,利用图像采集、传输、控制、显示等设备和控制软件组成,对固定区域进行实时监控和信息记录的视频监控系统。天网工程整体按照部级—省厅级—市县级平台架构部署实施,具有良好的拓展性与融合性。

(二)传统安防监控领域的缺点和不足

1. 监控屏幕数量迅速增加,人力无法监控繁杂的信息

传统监控模式下,靠人值班紧盯所有屏幕,但是人无法同时监看多个视频图像,并且无法长时间紧盯监控电视。此外,监控数据越来越多,需要占据大量硬盘存储空间,而大部分设备仅能保留1个月内的数据,这也是传统安防的缺点。

2. 报警联动功能较弱,判断机制不完善

传统安防监控模式只有录像功能,根据安防监控领域的需求,需要事前预防、事中响应、事后追查。由于监控缺乏视频判断机制,事前预防只能靠人为判断,但摄像头传回的信息量太大,最终导致报警联动缺失。事中响应方面,监控缺乏警示功能,在各种公共安防和私人安防领域存在大量专用警示预防需求,但在当前监控模式下却无法满足。事后追查方面,存在平台处理能力不够而导致丢帧、画面缺失等问题,加上大部分视频保存期限很短,导致信息无法有效追踪,事后追查效率低。

3. 传统视频资源利用率低

传统监控模式下存在部署大量低成本磁盘及软件磁盘阵列的现象,存储RAID重构使系统性能严重下降,容易产生因硬盘故障而导致的数字丢失现象。海量存储需要大量DVR(Digital Video Recorder,硬盘录像机),传统存储空间无法统一管理,视频资源利用率低,数据检索慢。传统的安防监控虽然实现了记录功能,但不能准确识别视频中的人、物和场景。现实社会治理场景中,公共安全部门要快速"找出人、找到人、定位人",而传统监控模式无法快速实现。

4. 信息孤岛现象严重,信息安全管理不规范问题突出

在公共安全领域,各监控负责单位之间摄像头重复建设现象严重;在行业重点保障领域,与公共安全视频信息互通性差,存在数字与模拟并存、厂家协议不兼容、标准不一致导致的互通问题,安防监控领域资源信息孤岛现象难以打破。另外,各种安防视频信息保护不规范,信息系统防攻击、防入侵能力不足,也给

视频信息互通造成了障碍。

5. 人工智能实现的技术基础现状

计算机视觉（图像识别）、机器学习、自然语言处理、机器人和语音识别是人工智能的五大核心技术。其中，技术发展速度最快、最成熟的就是图像识别，尤其是卷积神经网络的开发，大大提高了图像识别的处理速度和数量。图像识别包括静态图片图像识别和动态视频图像识别。人工智能技术的发展依赖机器学习，而机器学习尤其是深度学习依靠的是海量的结构化数据、算法和算力。在数据方面，样本数越多，图像识别的正确率越高；在算法方面，3D面部识别算法、注意力识别算法、情绪识别算法在国内外已经有相关的技术和应用产品、解决方案。

6. 人工智能应用在安防监控中的优势

前端，感知型摄像机具备视频内容理解能力，能够通过机器视觉和图像处理将视频结构化，进而通过模式识别、深度学习实现目标检测、人脸检测和车辆检测等，依靠云端算力和大数据识别出所拍摄的静态物体的名称、动态物体的行为，并将数据上报，代替人观察所有监控探头所传回来的图像，从而对人、物运动轨迹进行识别。其主要应用于虚拟警戒线，人和车数统计，人和车流密度分布、变化趋势、动态监测，道路状态及变化监测等，可以在复杂背景环境中实现正常的监控功能，对环境影响进行判断和补偿。

后端系统主要是基于大数据的图像识别。摄像头产生的图像数据非常庞大，前端摄像机通过云端传回的数据，后端系统基于不同应用单位、应用场景需求开发的分析软件会对图像进行数据化、行为分析，并能及时与系统联动、反馈给决策人员。

7. 应用场景分析

人工智能技术不仅能提升视频安防的技术含量和功能，而且有助于构建平安社会、诚信社会，提升人民安全感、幸福感。以下是行业应用人工智能的典型场景。

（1）人的行为轨迹全网追踪应用场景

人脸检测算法、人脸跟踪算法、人员跟踪算法、人脸质量评分算法、人脸识别算法、人员属性分析算法、人员目标搜索算法可对犯罪嫌疑人进行轨迹分析和追踪，快速锁定嫌疑人的活动轨迹；可对不明人员进行快速身份鉴别，为案件侦破提供关键线索，进一步提高工作效率、节约资源成本、缩短破案周期。

（2）车辆全网追踪场景

根据公安部统计数据，全国机动车所有车辆的行为轨迹可以通过车牌号来追踪，也可以通过某部车前部的物品、车辆上唯一特征来追踪；所有与车辆有关的经济、刑事案件，甚至公车私用问题、腐败案件都能够通过调取这辆车的行驶路线来追踪。

（3）商业柜台保护场景

人工智能技术可以对商家柜台进行保护，商家可以提前将相关人脸信息录入系统，当商家离开柜台后，摄像机报警装置进入工作状态，一旦有其他人闯入柜台，系统会自动发出委婉的语音提示。

（4）校园卫士场景

校园安全关系着千家万户，采用人工智能摄像头可以对学生进入学校、离开学校进行实时监测，完成学生到校、离校时间的自动记录；预防校园周边内拐卖儿童、非法侵害儿童事件发生；同时，可以采用移动安防机器人，对学校进行不间断巡视，对非法侵入行为实时报警。

（5）写字楼卫士场景

门禁考勤系统采用生物识别技术，不仅可以区分工作人员和非工作人员，还能起到降低楼宇能耗的作用。安防视频摄像头可以与照明控制系统联动，当检测无人办公时可以自动熄灯。对于一些快递、外卖、临时来访人员可以通过实名认证系统录入实名信息予以通行。

（6）社区及居民小区安防场景

居民小区是传统安防设备使用规模最大的区域，也是涉及民生安全最基础的领域。随着我国城镇化进程的加快，社区、小区安防技术升级，大大提高了老百姓的安全感。社区治安水平依靠人工智能可以加强外来人口管理，进行预防欺诈预警及街道治理、安全防范等工作。

（7）发展展望

人工智能技术自20世纪50年代提出后，其产业已经进入成长期。未来，人工智能技术的发展可分为三步走。

第一步，推进公共安全领域的互联互通和网络安全机制。以公共安全的互联互通、人工智能应用、大数据应用、存储云化为突破口，建立"全国安防一张网"的安防监控平台，统一标准、接口规范、统一协议版本、统一演进布局。可由视频安防企业自下而上，基于应用场景建立区（县）域、市域、省域逐步拓展的互联互通平台，同时在此进程中要切实建立网络安全保护机制，为信息安全保护打下基础。

第二步，建立安防云平台和网络、信息安全保护机制。建立"全国安防一张网"，需要有强大的云计算平台，即基于IaaS、PaaS、SaaS建立三层架构的安防云平台。

在此背景下，庞大的视频资源在互联互通的基础上可逐步减少本地存储，对视频信息分享建立收益机制，鼓励商家采用云模式。

第三步，建立国家安防大数据和人工智能平台。在庞大的云化基础上，依靠计算机视觉神经对视频的同步解构，形成视频大数据，视频大数据又可以进一步推动安防领域人工智能的发展，即在交叉领域如智慧城市、智能交通、社会保障等领域的行业应用，形成国家视频化基础设施。视频大数据和人工智能技术的开发会促使形成中国在世界安防领域的核心自主知识产权和国际影响力，推动相关产品和系统的出口，保障国家的安防建设。

综上，互联互通是安防云的基础，安防云是安防大数据的基础，安防大数据是安防人工智能的基础。新技术提升安防水平的最终目的，即能够服务于民生、服务于社会治理和国家安全，为国家战略保驾护航。

第二节 数字经济时代的企业管理

一、数字经济时代客户需求特点

（一）客户需求概述

与工业经济时代相比，数字经济时代的客户类型没有改变，依然是政府（Government，以下简称 G 类客户）、企业（Business，以下简称 B 类客户）、个人（Customer，以下简称 C 类客户）、家庭（Home，以下简称 H 类客户），但是盈利模式和服务模式已经发生质的变化，如果不能掌握数字经济时代客户的新特点，大部分互联网创新企业的投资就会付之东流。

G 类、B 类、C 类、H 类四大类客户的关注点各有不同，呈现不同的需求层次。因此，只有深入了解各类客户的迫切需求和痛点，才能区分清楚企业的产品和服务面向的客户群体是哪些，表面客户与实际客户是哪些，以及他们之间是怎样的经济利益传导关系。

工业经济时代的企业生产的是物质形态的产品，通过批发商、零售商、实体店等渠道销售。在数字经济时代，生产模式正在向数字化、工业互联网、工业数字孪生演进，营销模式和服务模式也在发生改变。数字经济催生了更多的服务行业，企业在进行企业战略分析时，需要分析每一类客户的新特点。

（二）四大类客户的特点

1. G 类客户特点

第一，政府机构是客户的客户，派生性强。政府客户提供的多为公共基础设施、公共产品，具有较大的经济外部性，其服务对象为其他三类客户，因此，政府机构涉及社会生活的各方面，具有很强的辐射性。互联网企业正是抓住了这个特点，通过绑定政府客户，进而间接绑定其他三类用户，从而实现了自上而下的推广效果。

第二，既是政策制定者，又是市场参与者。政府机构既是国家有关政策的制定者，同时又是执行者，还是市场参与者，特别是在公共服务产品方面存在一定的市场行为，不过这种市场运作往往通过 PPP（公私合营）、BOT（建设—运营—移交）、特许经营等模式实现。

第三，决策链较长，决策规范化要求高。政府客户的决策链往往较长，包括地区发展规划、专项规划、政府经费预算、项目建议书审批、项目或采购下达等多个流程。由于决策链较长，所以前期决策酝酿期较长，决策层面也较高，需要高对高、总对总的营销。

2. B 类客户特点

第一，专业性较强，不盲从。与 C 类客户的"羊群效应"有很大不同的是，B 类客户有比较专业的采购团队、技术团队，对待热点现象比较理性，强调效益、成本，不会出现大量的盲从，因此很难通过热点的炒作达到获取 B 类客户的目的。

第二，B 类客户呈现链条特点。B 类客户的需求规模往往与供应链、产业链的规模有很大关系，链条式的特点决定了 B 类客户的需求规模有一定的稳定性，如工业互联网、数字化供应链、企业价值链等，都是呈现链条式特点。很难从根本上垄断整个链条，而只能是抓住其中一个环节。

第三，B 类用户需求是以企业目标为导向。B 类用户的企业目标分为高级目标和初级目标，高级目标则需符合商业组织的战略要求，满足商业用户需求，将已有商业运行逻辑进行系统化、信息化、高效化处理；初级目标可以理解为让企业更高效、便捷地运转，从而向消费者服务，以获取收益。例如，典型的 OA、CRM 系统，是帮助组织完成员工、客户管理任务，提升工作效率的产品。

3. C 类客户特点

成千上万 B2C（Business to Customer，企业对消费者）大中型互联网企业平均投资了数百万元，但由于未掌握 B2C 客户的规律，大部分失败了。

C 类客户的特点如下。

第一,以基本生活需求为主。B2C 主要面向中低端的市场。破坏式创新往往来自中低端市场。在数字经济时代,互联网企业做的更多的是服务,但从本质来说,中低端市场的主流是刚需的产品,而不是服务。如果不能准确把握这个特点,就很难把 B2C 市场做大。

第二,C 类市场需要壁垒和核心竞争力。如果做 B2C 市场但没有设置壁垒且具备核心竞争力,企业则缺乏盈利模式,B2C 市场基本没有壁垒,如电信运营商就是典型的依靠电信网络牌照的行政许可获得商业壁垒,其本质是满足 B2C 的通信需求,其中社交语音需求是 C 类用户的刚需,但是这个刚需的每用户平均收入值每月仅 50 元。可以说,互联网企业想通过 B2C 客户但在缺乏壁垒或者核心竞争力情况下创业是不可能的。

第三,"羊群效应"明显。"羊群效应"理论,也称羊群行为"从众心理"。C 类客户往往喜欢追逐热点,如"双 11"购物节、"618"购物节等。C 类客户符合数字经济时代的"眼球经济"特点,哪里有热点就聚拢向哪里,即互联网的高价值、高流量区域。因此,面向 C 类客户炒作热点、推广"爆款"往往是制胜之道。

4. H 类客户特点

市场很多时候会忽略 H 类客户,而实际上 H 类客户的市场规模非常大,其主要关注的是住房、家居用品、家用电器、家用互联网及子女教育。

第一,市场规模大,客户黏性不高。H 类客户的刚需虽然明显,但是有一半左右的消费都是在很多年内的一次性投入,因此客户重复消费潜力不大,导致客户黏性不高,这种情况下数字经济时代的企业品牌和服务、价格就要有非常明显的优势才能立足。例如,很多房地产公司开发的购房、租房网站是面向 H 类客户的,需要设计得很友好、智能;有些互联网平台在努力突破黏性不高的问题。

第二,H 类市场与 C 类市场融合明显。两类市场在某种程度上存在一定的叠加,因此可以通过 B2C 而向 B2H(Business to Home,企业对家庭)整体渗透。例如,电信运营商瞄准家庭用户做足了文章,包括固话、宽带、IPTV(Interactive Personality TV,交互式网络电视)等业务绑定套餐、家庭客户互相通话套餐等,但是这些家庭套餐服务本身是为了稳住存量用户,最终还是为了 B2C。

二、**数字经济时代不同类型客户的转换**

数字经济时代,当企业分析客户类型时,企业(B)、政府(G)、个人(C)、家庭(H)类客户无论直接还是间接,最终用户都是 B2C。可以说,用户不一定是最终客户,如何转化是关键。了解了这个特点,企业在做产品策划、市场洞察时就要重视客户的本质需求,因为这是衡量产品是否能长期受市场欢迎的基础。

B2C 客户是 B2B(Business to Business,企业对企业)的场景。阿里巴巴一开始创立时提出的口号就是"让天下没有难做的生意",围绕淘宝店铺、天猫品牌厂家两个维度搭建服务平台,同时吸引第三方服务商通过"店铺装修""流量推广""品牌包装"等服务做大整个 B2B 的生态,这种借力打力模式表面看是 B2C 的,但是本质上是 B2B 的,包括目前各种转账和缴费的移动支付,都是为了服务企业和政府客户。

B2C 客户是 B2H 的场景。从教育行业的角度来说,表面看是 C 类市场,但是本质是 H 类市场。

三、管理创新:从纵向管理走向横向管理

虽然我们已经进入了数字经济时代,但是,当前大部分企业管理理念和方法还停留在工业经济时代,工业经济时代的生产流水线理念和方法在数字经济时代需要升级延伸到管理领域,实现从生产企业向服务型企业的转型及从生产流水线到管理流水线的升级。

(一)工业经济时代流水线诞生的重要意义

从本质上来说,流水线的出现也源于弗雷德里克·温斯洛·泰勒(Frederick Winslow Taylor)的科学管理思想。泰勒时代实行的是以人体力劳动为核心的标准化管理模式,他开创了科学的工业现场生产管理模式和标准化生产流程,降低了工人的劳动强度,提高了劳动生产率。工业经济时代的企业管理学在之后的发展中并没有像泰勒的科学管理那样进一步深化,而是交给了不同行业的机械技术工人和管理人去实践,由此工业经济时代生产管理实现了不断的效率迭代。管理学过多地关注"人"的心理因素,如内容激励理论、过程激励理论、调整激励理论,其以"管理就是管人"的理念为指引,逐渐走入了管理心理学的狭窄演进路径,并未延续科学管理、流水线生产管理的思想精髓。可见,我们需要从更大的"价值链"维度去考量管理学的发展。

(二)数字经济时代管理面临的挑战

虽然整个经济形态相对于工业经济时代已经发生了明显的变化,但是我们的企业职能管理理念、组织架构、组织行为模式还停留在传统的工业经济时代,突出体现为以下四个方面。

第一,大部分企业仍然采用工业经济时代自上而下的垂直管理模式。近代管

理学理论发端、发展于工业经济中后期，决定了企业组织架构的不断演进。从最早的生产综合管理，到市场管理、研发管理、财务管理、人力资源管理、战略管理，部门越来越多，企业的层级也越来越多，信息自上而下流动，在这种企业管理组织模式下，企业信息化必然面临一些阻力。在数字经济时代新型的组织结构中，传统的企业组织结构中严格的等级制度已经不复存在，组织中上下有序的传统规则被淡化，员工之间的关系是平等的分工合作关系，基层员工被赋予更多的权力，他们有可能参与部门目标甚至组织目标的制定，组织内的信息不再是上下级之间的单向传递，而是一种网络化的即时双向沟通。

第二，大部分企业陷入管理信息系统的误区。基于工业经济时代的思想，企业管理以计划、组织、协调、指挥、控制为核心，但往往计划不足，控制过度，企业信息化大多成为服务"控制"的环节，也就是审批流程。数字经济时代需要的是信息管理系统，而不是管理信息系统，二者反映的是工业控制思维和数据运营思维的区别。前者把人作为收取信令和劳动的机器，力图通过领导力、激励机制弥补这一不足；后者把员工看作企业数据的供应商和客户，实现了内部的透明管理。

第三，企业管理理论与工具的碎片化。生产力的发展是对抗熵增的过程，而企业管理也在不断对抗熵增。工业经济时代的分工理论导致当前企业战略管理、营销管理、领导力、企业文化、供应链等大部分企业管理工具和方法属于企业管理的某个细节领域，不成体系。实际上，企业的发展是一个系统，企业的结构决定了企业的功能，而系统的运营是创造价值的过程，因此，要抓住企业核心的价值链，脱离价值链去讨论企业的具体领域就会出现"一叶障目，不见泰山"的现象。企业家应坚持"思维经济原则"。企业围绕的是生存、发展，其核心前提是创造价值，现实路径是通过价值链实现，其他一切管理活动都应该围绕创造价值（包括社会价值与股东利润）实现体系化，否则会存在巨大的内耗。

第四，传统价值链工具方法的局限性。每一个企业都是在设计、生产、销售、发送和辅助其产品的过程中进行种种活动的集合体，企业的价值创造是通过一系列活动构成的，这些活动可分为基本活动和辅助活动两类。

（三）从生产流水线向管理流水线的升级

管理流水线就是在数字经济时代，改变工业经济时代将职能管理和生产管理分割为自上而下的控制型管理，将职能管理和生产（服务）管理通过信息管理系统形成小中心、扁平化、横向打通的信息流水线，实现企业管理活动数字孪生化，进而通过数字世界的光速和低时延、无缝衔接形成企业高价值增长。

四、技术创新：从封闭式创新到协同创新

（一）企业科技创新现状与问题

1. 缺乏有效的科技创新管理工具

对于科技创新管理工作，政府和企业当前都面临重视奖励、资金引导却缺乏具体抓手的问题，由此出现了政府推进创新驱动发展不够有力、创新驱动发展体制机制不完善、激励企业创新和集聚创新人才有效措施不多、科研资源转化为现实生产力存在差距、产业结构优化升级缓慢的问题。政府推进创新驱动往往是从资金扶持的角度出发进行的二次分配，创新驱动发展体制机制方面重在引入外部科技力量而不是激活区域内创新活动，科技企业普遍存在对科技创新工作不够重视、没有认证标准体系及具体管理工具的现象。

2. 缺乏科技创新管理认证体系

由于企业科技创新管理缺乏体系化的工具，导致企业即便想进行科技创新，但由于缺乏对过程创新和创新工具的认知，盲目研发或者跟风，原创性不足。因此，政府需要在这方面培育科技创新服务企业，尤其是科技创新体系地区标准的建设和推广。

3. 缺乏原始创新型创新管理成果和实践方法

"自主创新，方法先行"，首先是管理方法到位，才能推动研究方法实施。当前，我国科技创新管理理论界和学术界缺乏一套行之有效、与东方管理特点相结合的原创管理体系。多年来都是科研院所、科技企业自己摸索创新管理的制度体系，没有形成我国特有的、普遍实施的原始创新型创新管理成果和实践方法。

科技创新管理体系之所以缺乏，说到底是科技创新氛围和意识问题，每个科技型企业科技创新管理工作在开展过程中往往是零散的活动，不成体系和合力。实际上，对于科技创新管理而言，技术TPI（Turning Point Indicator, 趋势拐点指标）指标、研发管理、知识管理、技术品牌管理等四个子体系可以协同形成企业自己的管理方法论。每个管理子体系中又有具体的方法，如研发管理可以吸收萃智理论，知识管理可以吸收隐性知识显性化理论等具体工具和方法，以此形成一套工具集。

（二）1T3M 技术创新管理体系

科技型企业发展的三个支撑点是市场、技术、管理。技术是企业可持续发展的核心，优化管理是企业压缩成本、提高效率的前提，市场是企业生存的载体。

根据《国家创新驱动发展战略纲要》中的要求，我国到2050年建成世界科技创新强国。然而作为实现这一目标的具体执行单元——企业，目前为止还没有具

体的技术管理工具，其技术资料的获取仍然通过企业存储服务器、Web 页面等主要媒介完成，社会各个层面难以形成有效的技术聚合效应。事实证明，任何产品的国际竞争力都是整个产业链所有技术聚合的结果，而不仅是某项新技术的研发深度。

知识管理理论在 20 世纪末被引入我国，但具体的管理系统仍然停留在资料的归类整理阶段。目前，知识管理大多为堆积资料形成所谓的知识库、实践社区、专家平台等，且每个知识管理咨询公司对知识管理的理解、定位、方法都不一样。

所谓 1T3M 指的是 1 个技术体系管理板块（Technical System Management Section），3 即研发管理组（R&D Management Team）、知识管理组（Knowledge Management Team）和技术品牌管理组（Technical Brand Management Team），为突出技术体系的基础地位，简称 IT3M。简言之，1T3M 技术管理体系和信息系统，包括基于业务的技术体系的编码方法、知识管理方法、技术品牌打造方法及研发体系。

1T3M 技术管理体系的实用价值有如下三点：第一，其将知识管理、研发管理、技术品牌管理和具体技术整合为一个整体，而不是每个管理单元各自为政。研发管理基于技术体系，能在成千上万技术中找到未来市场真正需要的产品所对应的技术，提升研发效益。第二，技术管理部门在此机制下工作能充分发挥技术管理团队的向心力，同时避免重复工作，降低工作成本。第三，技术管理的体系化能充分发挥团队的效应，为竞争对手增加竞争门槛。因为体系化的工作需要对方团队的配合和历经数月、数年的整合工作过程。技术体系最终目标是面向业务和产品的专业技术模块化组装。1T3M 系统运用的基于业务单元的技术体系结构，赋予知识管理新的方法并进行特定的相互调用，从而开创技术管理的实质方法，同时融合云计算技术、通信技术应用在企业管理领域中，为企业的技术管理提供了一种电子化管理手段，提高了技术管理效率，从而奠定了企业技术管理的方法和工具基础。

1. 研发管理：低成本低风险研发方法

项目型企业实行以项目运作为载体的价值链运营模式，各类大中小型项目是企业主要业务收入、利润和现金流的来源。传统管理理论认为，任何企业投入研发是需要付出巨大的研发成本，而如果研发成本占比较高且见效慢，那就需要探索新的研发管理模式。任何企业的研发管理模式都必须建立在企业已有基础之上，找到最佳的结合点，这种变革、自我否定的过程是循序渐进的。对于研发管理来说，涉及理念目标、管理模型、研发组织架构、研发绩效评估、研发管理流程、研发审计等。分析的领域主要是信息化项目的开发与交付，尝试探索一种以项目为载体的前中后台联动的零成本研发管理模式，简称 PIF（Project Interlock Free）研发管理模式，目的在于减少企业研发风险，提高企业核心竞争力。

（1）以项目为业务载体的企业特点

项目型企业实行以客户需求为中心及以项目投资需求为触发的经营模式，且商务模式实行预售制。以信息化类总包项目为例，大部分项目的开发模式包括需求调研－招投标－项目预付款－项目开发测试和施工－验收付款－质保维护－尾款结算等环节，采购、设计、施工等一体化，行业内多以EPC、BOT、PPP模式为主。具体来说，呈现以下特点。

第一，业务开发和前期项目咨询决定了项目内容。信息化项目与铁路、公路、机场等基础设施不同，其业务开发初期充满了不确定性，由业务部门的咨询师根据业务的需求拟订项目方案，确定项目的深度和规模，最后形成项目的范围、规模、内容和进度。这些都需要前期的咨询支撑，具体成果包括项目投资研究报告、项目建议书、可行性研究报告、项目需求书等。

第二，客户需求的个性化较强。信息化是整个社会的发展趋势，我国正在推动新型工业化、信息化、城镇化、农业现代化的融合发展。数字经济时代，所有行业都将信息化，但是每个行业的发展阶段、发展规模、所在地域、产业政策等均有差异，个性化非常强，没有标准化的产品可以直接套用。例如，即使是工业制造企业常见的ERP系统、制造执行系统也会因不同的应用企业和场景而有所不同。但也有共性要素，如依据行业标准规范形成的标准化的业务流程、大致相同的数据字段等。

第三，一次性研发成本较高。由于大部分信息化项目的需求各不相同，因此针对具体项目研发每次都得从零开始，成本较高。以智慧城市信息化类总包项目为例。虽然智慧城市是一个"巨系统"，每个城市之间、不同的时间点之间需求均不相同，但是均有内在共性的需求，如数据共享交换、大屏显示控制、大数据挖掘、物联网硬件单元等。如果每个智慧城市项目都换成不同的人员重新开始做，必然带来企业资源的浪费。

第四，项目过程资产价值高但易流失。传统以项目为驱动的业务订单形成的组织资产包括项目经验、项目知识、软件代码、项目过程文档、接口方案、系统集成方案等，这些文档是团队和客户不断总结、对比后的成果，项目组为此付出了较多的人力、物力、财力。然而，这种项目型企业面临的最大问题就是人才流失、团队解散导致的组织过程资产流失问题。项目团队因项目需求而建，项目主体交付人员、研发人员、现场实施人员全部为同一班组，甚至项目负责人可以说是项目所有经验和知识的集大成者。如果项目经理离职，团队解散承担不同的项目，则会给企业带来巨大的过程资产流失。

第五，同一类项目过程资产的复用需求较大。就行业信息化项目来说，同一类项目在本行业的不同地区、不同客户、项目不同阶段的复用需求较高。以智慧交通信息化业务为例，该类业务中"某省大型高速公路信息化的解决方案"在其他邻近省份均有较大的可复制性，但是随之而来的问题是由于项目组采用了大量的开发外包，交付经验分散到该项目的执行项目经理和外包商中，企业若在不同地区进行复制就面临不同业务部门之间内部结算、内部协同、再次寻找分包商的难题，这在民营小企业不明显，但是在国有大型项目型企业问题却非常突出，最后导致不同的团队有不同的业务特长项目，彼此之间经验互不复用。

（2）前中后台联动的理论模型

经典的管理学理论如泰勒的科学管理理论，认为员工的工作方法和工作动作可以标准化，标准化的目的是提高效率，降低疲劳度，增加产出，实现员工与企业共赢。一般管理理论认为，管理就是实行计划、组织、指挥、协调和控制。对于信息化项目研发管理来说，在现有业务部门分割条块的基础上要形成新组织、标准化的流程、激励考核机制，且要实现组织的开放式创新范式。

信息化项目往往定制化特点较强。以项目为载体做研发，是前台业务交付部门充分利用项目契机与中台、后台联合评估，充分挖掘具体项目的共性社会化需求并对个性化的需求进行外部合作开发或者服务外部、软件外包的过程。信息化项目本身很多需求和开发场景具有共性化和个性化的双重特点，信息化开发企业往往重视共性化而忽视了集成的个性化，或者完全实施定制化开发而忽略了共性需求的研发，根本原因在于没有实现企业内部交付团队、产品开发团队和研发团队之间的协同，这需要企业从组织架构、业务流程模式上加以变革才能实现。

以项目为载体前中后台联动零成本研发管理模式简称PIF研发管理模式。项目的前台是业务中心，包括业务开拓、交付。对于信息化总包工程来说，主要由售前工程师、项目经理、少量的二次开发人员（项目前端呈现）、现场实施人员、维护人员和商务人员组成。其输入是客户的需求，输出是产品需求。业务中心可以随时获得产品信息，且只有在发生新的产品需求时，才将新的需求提交产品部门。新的需求发起的模式和流程应该统一、标准化，方便记录和分出优先级。

项目的中台是产品中心，实施的是产品线的策划、不同产品之间的统筹、专有技术与外部技术复用和集成、产品模块测试、产品版本的迭代。其输入是产品需求，输出是开发需求。产品中心应充分利用内外部资源形成针对不同行业的产品线和解决方案，且对每个行业的发展趋势和发展路线应该有自己的观点和清醒的认知。产品中心一旦提出开发需求，根据成本的微笑曲线原理，凡是市场上已经成熟的技术和非核心技术方向且开发成本远大于外部合作时，应首选引进合作伙伴。产品中心应统一开发平台，强调不同产品线之间在统一开发平台上的复用性，为未来不同产品之间的灵活对接打下基础，最终形成产品生态。

产品的后台是研发中心，包括核心专利技术开发、代码编写团队、代码测试团队。研发中心输入是开发需求，输出是应用模块，其开发响应效率决定了自研型项目的交付速度。

（3）前中后台联动的可行性分析

第一，组织架构关系。传统工业经济时代的企业组织架构是自上而下层级式的。随着数字经济时代的到来，信息量爆炸式增长，这种组织架构已出现不够敏捷、反应迟钝的现象，尤其当企业发展壮大时，这种现象越来越明显，因此出现了"人单合一""看板管理""IPD集成开发"等各种项目型管理模式。这种项目型管理模式改变了过去自上而下命令式的垂直层级制组织架构，转变为水平项目式管理，包括自左向右的需求启动、沟通的正反馈；自右向左的创新优化、沟通的负反馈。其由强矩阵管理模式演进而来，更能快速响应客户需求，促进部门、岗位、职能之间的高度协同。

前台是业务部门，是业务收入的来源，同时也是产品开发需求的内部发起方。作为信息化总包服务商，最重要的是紧跟客户需求，提供全过程的咨询服务。只有通过咨询服务彻底摸清客户需求，才能站在客户的角度想问题，并结合公司的产品加以引导。对于公司没有的产品则反馈给产品中心，由产品中心提出开发需求或者通过产品外包整合外部资源，进而通过消化吸收最终变成自有产品。业务部门职责是业务开拓、提供全过程咨询服务，尤其是提供前期决策咨询和项目建议书编制、项目需求书编制等；进行二次开发的前端呈现，包括美工、前台开发、软硬件集成、总包实施和运营维护等。

产品中心是研发管理的中台。由于其以产品为驱动而不是以项目为驱动，因此产品中心更多的是紧盯行业、策划产品线，提供产品货架，进行开放式创新合作以引进外部成熟产品，为前端和客户提供云化服务并进行产品版本管理。

后台即研发中心，是企业真正意义上的标准化流水线开发机构。研发中心从产品中心独立出来，可以更加专注于技术研究，通过标准化开发工具、流程、管理方式提升开发效率。

第二，前中后台联动的绩效考核方案。任何一个新型的组织机构、管理方案、制度如果没有激励，就会形同虚设。传统模式下的激励模式是以部门为单位的、向上负责的机制，这种激励模式缺乏横向协同的基因。PIF 范式判断研发是否成功以客户满意度、项目经理的评价为依据，同时对部门内人员的工作量、勤勉程度、工作效果做双计双考，即产品部门、研发部门所有人员的考核的来源有两个方向，50%来自项目考核打分，50%来自上级的打分。

第三，传统项目驱动和产品驱动（PIF），传统项目型和以项目为载体前中后台联动零成本 PIF 研发管理模式各有特点，但是长期来看，传统项目型模式对于信息化总包企业总体来说是不可持续的。以利润为例。传统项目驱动开发外包利润无法预控，根本原因是项目经理无法准确预估工作量，但是实际上产品中心的工作量可以准确估算，并有长期稳定的服务外包商。所有中台产品中心、后台开发人员的成本通过人员的工作量均可以分摊到具体的不同项目中，可以说所有研发管理成本都可以分摊到项目中，实现研发工作零成本。同时，随着产品线积累、开发模块积累，最终实现组织资产增值。

以项目为载体前中后台联动零成本 PIF 研发管理范式在一些软件企业已有所实施，但是具体管理架构和操作方式各有不同。研发管理是以信息化总包作为业务载体的项目型企业发展的核心竞争力来源。市场上成功的研发管理模型、企业案例有很多种，但基于企业现状、业务发展转型过渡等需求制定的具有可操作性研发管理模式才是企业最急需的。

2. 知识管理：企业知识管理的三层进阶

（1）知识管理之第一步：知识管理工具化

组织内部对知识管理有基本认识，希望知识管理在内部的推行尽快见到效果，这往往会首先考虑知识管理系统，通过构建内部知识库，来实现内部知识管理的快速见效，这就需要借助有效的 IT 手段对内部的知识/文档进行有效管理。此时，组织内部对知识管理的认识更多的停留在工具层面，认为知识管理主要是构建内部的知识库，而知识管理游离于业务流程之外，或与业务流程的结合极其松散，只是作为一个辅助工具存在于组织内部。因此，组织大多会自建内部的知识管理系统，有条件的情况下会购买专业数据库，以充实到内部知识库中。

知识管理的实现并不仅仅依赖于技术手段，更多的需要从组织整体，特别是结合主要业务环节的需要，进行综合的考虑，在此时，既然知识管理更多的是从工具层面进行考虑，那么最需要关注的是内部的知识库结构该如何规划设计。此时可以考虑从业务流程维度、组织部门维度等不同角度来进行内部知识库结构的设计，这样也为后续知识管理的提升奠定一个较好的基础。在此阶段，主要解决内部知识库中相关知识内容的"有无"问题。

（2）知识管理之第二步：知识管理流程化

在组织内部，对知识管理有了进一步的认识，认为知识管理要发挥其最大价值，需要与业务流程进行有机融合。知识管理将不单单是一个独立于（或游离于）业务流程之外的管理方法/工具，而是通过知识管理相关的管理要素，结合业务流程的要求，将关键流程中需要明确沉淀、规范的知识点进行显性化，即通过明确的表单/模板加以固化，要求在业务处理/执行过程中，根据流程的要求，将相关的知识点第一时间记录下来，并存储于相关的系统（或知识管理系统）中。同时，对于隐藏于个人头脑中的隐性知识（如个人经验、专业技能等），也开始考虑在专业讨论会、经验交流会中借助于会议纪要等形式，将讨论交流的内容记录在案，以达到部分隐性知识显性化的目标。

知识管理需要和业务流程进行紧密结合，特别是关键业务环节中的知识管理要重点做好。需要特别注意的一点是，基于业务流程进行知识管理并不是要针对知识管理特点进行专门的业务流程梳理，而是要结合目前已有的业务流程体系将知识管理的关键要求/关键点融入其中，即明确具体的业务流程中哪些内容需要使用到知识管理的工具和方法进行有效管理。在此阶段，需要解决知识点与关键业务流程的结合问题，保证部分业务流程在运作中能够将所需知识点沉淀下来。

（3）知识管理之第三步：知识管理体系化

组织内部的知识管理的建设和应用已经初见成效，内部的知识管理系统得到了较好的应用，同时关键业务流程的知识点也较好的管理起来，知识管理已经作为一个有效的管理手段固化于员工的头脑中。针对于不同的业务活动，能够通过多种有效的知识管理手段进行有效管理，知识管理对业务的支撑不单单局限于关键业务流程，逐渐拓展到对"全业务、全流程"的有效支撑。

经过了第二阶段的知识管理与业务流程的有效结合，知识管理已经从静态过渡到动态，即与业务流程进行很好的互动，保证第一时间能够把业务过程中的知识点进行沉淀与积累。但要想从现有的部分业务流程的知识管理向全业务流程的知识管理拓展，需要基于IT系统和已有的管理工具/方法，根据组织的特点和实际需要，从"员工发展""学习共享"等维度进行知识管理工具/方法的新拓展。在此阶段，需要重点关注的将是如何把内部的隐性知识显性化。

基于以上三步走的策略，在组织内部逐渐建立起知识管理的文化，倡导有效的知识积累与共享，整合员工个人的能力为组织的能力，一方面让员工能够在内部良好的知识管理氛围中学习到更多的专业技能，另一方面组织的能力依托于员工个人的能力的发展不断增强，从而建立起组织内部的知识管理文化。

五、市场洞察：抓住数字经济时代商机的方法
（一）市场洞察概述

在工业经济时代，传统的市场洞察工具与方法具有普遍适用性，如PEST分析、SWOT分析、波士顿矩阵、五力模型、3C分析工具、四象限分析工具等都是普遍适用的基础工具，且具有简单、易懂、易操作的特点。如何站在这些分析工具的基础上，把握数字经济时代分析工具和方法体系，洞察数字经济时代新的商业机会及DICT（D为数字、I为信息、C为通信、T为技术）创新点。

市场洞察是工业经济到数字经济过渡阶段的必然选择，通过趋势分析、行业分析、客户分析、竞合分析、自身分析、行动分析等维度，能够找准市场机会点，确定企业未来开拓的市场方向，培育企业能力，以获取市场份额。市场洞察是不断聚焦—不断突破—不断扩大市场规模良性循环的起点。

在做具体的市场洞察时，需要一套完整的、可操作的标准化工具，因此可以借鉴项目管理的思维搭建整套洞察体系。市场洞察的过程类似做项目，项目有投入和有产出，投入是数据搜集的各项成本（时间成本、人员成本、资料成本、调研成本），输出是MI数据资产，手段是各种术语工具、创新工具、思维工具、趋势工具、需求工具、分析工具、呈现工具、迭代工具。市场洞察包括社会洞察、行业洞察、客户洞察、竞合洞察、资源洞察五大过程，最后确定行动计划（定业务形态、定规划路线、定资源匹配）。数字经济时代企业输出的业务形态包括信息通信工程服务、软件产品、操作平台、商业生态。在市场洞察的过程中，服务类、产品类、平台类、生态类是区别较大的洞察过程。

此项工作也是MI数据的生产过程，数据的价值和数据的长期迭代过程是企业和企业团队价值增值的过程。数据有了，无论决策还是与别的企业合作，都成为企业的核心竞争力。

市场洞察分为两条主线：一条是定量分析主线，如搭建数据框架、数据录入、数据清洗、数据建模；另一条是定性分析主线，如搭建逻辑框架、查找资料、访谈调研。市场洞察是一项专业性很强的营销分析活动，需要具备哲学、经济学、社会学、心理学、市场营销学、战略管理学等多学科的知识，需要市场洞察人员的知识传承和方法论。市场洞察的目标是获得洞察数据产值，因此洞察报告一定要落地，不能仅仅是数据和观点的汇总和罗列，只有落地才能给企业带来价值和

营收，企业股东和决策人员才会持续投入做行业洞察。

（二）趋势洞察

1. 技术经济进化论模型在市场洞察中的应用

当前，新技术、新经济形态、新商业模式概念层出不穷，我们需要关注的是这些概念背后的内在关联。以这些概念的内在关联为基础形成一个自组织系统，系统科学理论包含吸引子理论，即一个系统有朝某个稳态发展的趋势，这个稳态就叫作吸引子。吸引子分为平庸吸引子和奇异吸引子。例如，一个钟摆系统有一个平庸吸引子，这个吸引子使钟摆系统向停止晃动的稳态发展。奇异吸引力的出现与系统中某种不稳定性（不同于轨道不稳定性和李雅普诺夫不稳定性）有着密切的关系，它具有不同属性的内外两种方向：在奇异吸引子外的一切运动都趋向吸引子，属于"稳定"的方向；一切到达奇异吸引子内的运动都互相排斥，属于"不稳定"方向。

技术经济进化论对数字经济时代的市场洞察提供了核心发展趋势的指引。在人类社会发展的时间轴上，社会发展进步的结果是生产力水平的提高。自然界是一个熵增系统，而人类社会正是对抗熵增才形成了生产力。在时间轴上，每个经济发展阶段可以分为三个过程，且都有一个长尾效应，包括萌芽期、主流期和叠加期，且每个主流期都有相应的子阶段。以零部件制造业的数字化为例。工业经济时代没有数控机床，主要依靠人的经验、力度和模拟型控制器的参数调整。到了数字经济时代，数控机床将模拟设备通过模数转化升级为数字设备，控制的精度更高了，产品的精密性也提高了，可以生产更复杂的产品。随着数字化设备越来越多，呈现各种终端形态的计算机设备之间需要将数据进行互联以实现交互，此时固定互联网出现了。随着移动通信技术的发展，移动终端越来越多，移动互联网随之出现。而随着封闭式系统的物联局域网向广域网延伸，物联网也随之出现。这些过程对处在叠加期的前序经济形态带来了巨大的影响，采矿业的数字化使采矿机械更加高效，互联网使矿场和工厂之间的信息可以实时互联互通；而数字孪生阶段则是在数字化和互联网的基础上，实现从网上管理事务的孪生到物理世界的孪生，大大提高了物理世界的运作效率。我们在做市场洞察时，就要观察目标行业是所有前序经济形态的延伸还是当前经济形态的发展阶段；如果其处于当前经济发展阶段，则要判断其已经发展到哪一个子阶段。另外，还要判断处于萌芽期和成长期的先进技术经济形态能否提前快速引入，进而提升当前技术经济的发展效率。

2. 数字经济时代九大规律在市场洞察中的应用

数字经济时代的市场洞察主要考虑加速期和主流期。在加速期，数字经济与前序经济形态的持续发展形成快速赋能的叠加效应,这种叠加效应推动着传统生产方式、生活模式的变革,是变动最明显、最激烈的领域。在主流期,从数字经济的发展子阶段来看,分为产业数字化、从固定互联网到移动互联网和物联网、互联网生态黑洞、支付门户效应、零边际成本、眼球经济等。数字经济时代创新的九大规律与趋势关系。

(三) 行业洞察

行业洞察是对目标行业进行宏观分析。行业洞察可以分为PEST分析、产业链分析、行业细分、麦肯锡九宫格、行业市场空间估值五个方面。

1. EST分析

PEST分析法,是对所要分析行业的外部影响因素,从政治、经济、社会及技术角度进行分析,从而寻找行业机会点,为行业空间分析奠定基础。

PEST分析首先对目标行业进行定义,找到行业的边界,这是PEST分析的前提。确定了要分析的行业名词、术语、边界,才能确定要分析的行业政策主管部门。由于数字经济时代互联网链接了时空,因此传统工业经济行业分类边界已经被打破,这是PEST分析面临的挑战。

具体来说,PEST分析主要从以下四个方面着手。

一是政策层面分析。主要分析国家或所在地区出台的相关行业政策是制约还是促进所在行业的发展;国家或该地区大力支持的行业细分领域;对区域发展的重大政策,关键是与目标行业有关的领域。

二是经济层面分析。主要分析国内生产总值增长率,目标行业占国内生产总值的比重、增长率;细分领域占比情况。这是对目标行业的规模、增长率、发展前景进行定位。

三是社会层面分析。主要分析社会发展阶段、企业消费转型变化;区域人口增长率、地理分布、区域特色、职业和商业观念等。目标行业人群的理念决定了该行业的发展方向。

四是技术层面分析。主要分析技术发明、知识的传播、技术更新的速度,商业化速度和发展趋势;国家或地区重点支持的项目、国家发展对技术提出的新要求等。目的是找出对特定行业的信息化的强制要求。

2. 产业链分析

产业链的实质就是各产业的企业之间的供给与需求关系。就一个具体的行业来说,工业经济的产业链有上游、中游、下游三大环节,是一个自上而下的展现形式,而数字经济的产业链是对这个产业链进行数字化镜像,形成基于云计算的三层架构，即基础设施即服务层（IaaS）、平台即服务层（PaaS）、软件即服务层（SaaS）。IaaS 层包括现场数据自动采集感知设备、数据服务器、各种终端，这是 IT 基础设施作为一种服务通过网络对外提供，并根据用户对资源的实际使用量或占用量进行计费的一种服务模式；PaaS 层包括虚拟计算、存储、数据库等基础设施，其是把应用服务的运行和开发环境作为一种服务提供的商业模式；SaaS 提供商为企业搭建信息化所需的所有网络基础设施及软件、硬件运作平台，并负责所有前期的实施、后期的维护等一系列服务。

3. 行业细分

行业细分是在行业术语定义、数字经济时代行业边界定义、产业链分析的基础上，划分出行业的细分领域。行业细分是为了聚焦突破口和行业整合，而不是像工业经济阶段那样仅仅止于细分。对于工业经济时代的产品来说，细分是为了找到目标市场，而数字经济时代的行业细分是为了定位行业的具体细节为后续确定客户细分奠定基础。行业细分可以多层次、多维度进行，如按产业链可分为上游、中游、下游；按区域可分为省、自治区、直辖市等；按行业可分为政府、教育、医疗、金融等；按解决方案可分为专线、IDC（Internet Data Center，互联网数据中心）、物联网等；按客户数可分为百量级、千量级、万量级。

4. 行业市场空间估值

行业市场空间估值是对行业市场规模的预测。市场空间预测目的在于预测空间增长的趋势和可能的拐点，做大未来空间，支撑销售目标设定，支撑未来投资。行业市场空间涉及下列术语，即总有效市场，可服务市场，目标市场，收入空间估值。

总有效市场（Total Available Market，TAM）是指针对一个细分行业或者多个细分行业的组合，某企业已经有相应产品或产品规划，但这些产品不可能对接客户所有需求，只是部分需求，因此估计的市场是根据行业细分领域得出的估值。可服务市场（Serviceable Available Market，SAM）是由于客观原因（如认证条件、自然垄断、特许经营等）无法进入的市场；目标市场（Target Market，TM）是不希望参与的市场，如成本较高、利润比较低等；收入空间（Revenue，Rev）是剔除竞争因素导致市场流失后某企业占有的市场份额。

（四）客户洞察

客户洞察的目的是找到目标客户，并深刻洞察客户需求，为制定商业模式提供客户需求基础。客户洞察主要分为客户细分、客户声音、客户行为、社交媒体四个步骤。其中，客户细分是制定战略和营销策略的开始，能够找到具备相同特征及需求的客户群，从而确定不同类型确定客户。

1. 客户细分

客户细分指一群人或组织共享一个或多个特征，这些特征会产生类似的产品或服务需求。客户细分需满足三个不同的标准：与其他的细分明显不同；在细分内部具有同质性；对市场刺激的反应相类似。

客户细分需重点关注客户购买特点、对本企业的认知程度、客户的主要需求、客户的合作伙伴、能否有合作机会、购买趋势等。这些信息决定了客户的价值。在洞察客户这些信息的同时，可以发现洞察难度随着洞察信息类型的不同而不同。例如，企业的工商登记信息、员工数量、企业位置、产品简介都比较易获取；而客户的数字化战略、投资计划、务需求、产品需求、采购标准与频率、获取。

客户细分的作用是把握价值客户，以客户细分为基础作出取舍，制定有竞争力的差异化的战略。客户分为核心客户、价值客户、一般客户，针对不同的客户群体，可以投入不同资源。

2. 客户声音

客户声音就是洞察客户的需求，倾听客户的痛点，进而判断业务与产品的方向。不同的客户需求往往有其客观规律，同时也有不同发展阶段的差异。G类、B类、H类、C类客户需求的特点，而客户声音就是摸清客户心理、找到客户痛点、分析客户群体需求背后的共性。

客户心理就是客户（包括现有客户和潜在客户）对已有产品或服务的相似性和差异性的感受，以及他们认为产品的哪些属性对于他们的购买决策具有最大的影响作用。客户心理是客户对产品的基本诉求，但由于其是客户基于自身感受提出的，不一定全面，因此需要多调研、多收集。关键人物的信息往往具有最高价值，其对行业特点有全面的认知，因此，访谈关键人物要有充分的准备，一般有制定访谈提纲、收集细节、倾听与引导、清晰复述四个重要环节。在制定访谈提纲时，问题不在于多，而在于精，以三个问题为宜；在访谈时要关注细节，尤其是行为语言；要倾听和引导，当客户跑题时，要及时引导其回到访谈主线上来；要清晰复述，复述是默认对方的观点和陈述，以确认信息有无误解，与对方达成共识。

3. 客户行为

客户行为分析是针对行业典型或重要的客户进行分析，以便更好地理解客户，维护客户关系，识别渠道伙伴。典型或重要企业客户的洞察范围包括以下五点。

典型或重要企业客户的洞察范围包括以下五点。

（1）总体概况：客户企业概况、竞争地位、服务市场及其客户等。

（2）战略与痛点：业务战略、业务痛点、T战略、T痛点、战略特质。

（3）ICT发展阶段或空间：ICT建设进展、ICT资产、ICT投资。

（4）采购：采购特点、中高管分析。

（5）友商选择：合作伙伴选择、友商选择、友商分析。

4. 社交媒体

通过社交媒体也能进行客户洞察，如合作伙伴对客户评价、政府与社会媒体对客户的评价等。此外，还可通过客户的官方网站、三微（微信、微博、微视）一抖（抖音）收集相关信息或者从相关方对客户的评论中找到新商机，进而梳理客户特点。

（五）竞合洞察

市场上有很多企业，创业企业看到的行业机会、价值客户可能早已被竞争者、合作伙伴盯上，因此要分析竞合格局，洞察目前高价值客户领域已经存在的典型企业；分析重点玩家的商业模式，然后得出竞合预测，进而分析出最佳商业模式。

进行竞合洞察时，最关键的是基于博弈论，不仅要对自己的产品创新，还要看竞争对手是怎样的打法，有哪些举措，从而作出判断和行动。这样，对于创业企业来说所做的决策才不是盲目的。举例来说，假设有两辆车，一辆跑车（快车）和一辆老爷车（慢车），跑车速度快，老爷车速度慢。有两条不同的道路，一条快道，但是红绿灯特别多，而且容易发生道路拥堵，且拥堵时间不确定；一条慢道，没有红绿灯，但路况不好，速度慢。两辆车谁先到达终点谁就能赢得奖杯。这种情况下，如果被抽中驾驶跑车应该走哪条道？如果被抽中驾驶破旧的老爷车选择走哪条道？

实际上，无论选择走快道还是慢道，竞争者心里也没底，因为市场不止一家企业，你不仅要关注自己的条件，还要观察竞争对手采取的是什么策略。如果对方是快车选择走快道，那么慢车走慢道也许可以出奇制胜；如果对方走慢道，那慢车可以走快道去碰运气。如果只有一个赛道，外界条件一样，胜负则取决于车速。这就是竞合洞察，通过分析竞争环境、竞争格局为企业商业模式打基础。

竞合洞察第一步是对竞合格局进行描述，包括市场细分、重要客户名称、合作伙伴、解决方案、核心能力等，通过分析整理出头部玩家，进而从市场分类、客户分类、客户产品等维度对竞争格局进行分析。

竞合洞察第二步是对重点玩家进行分析，包括以下三个方面。

（1）市场表现，包括业务收入、市场份额、营销能力、产品（服务）品牌、产品（服务）价格和利润、主要客户及其倾向、产品及解决方案、商业模式、交付水平等。

（2）业务能力，包括行业理解、市场洞察、客户侧顶层设计、客情关系、商机获取和转换、自主研发、集成能力、定制开发、竞争策略、生态建设、盈利。

（3）治理水平，包括战略关注度、投资与经费、跨部门协同、考核与激励、执行力等。

标杆型企业是竞争区域地区已经有了一定的明显优势和业绩的企业，可以作为标杆来学习，是短时间内无法超越的，而竞争对手则与自己实力相当，需要对其竞争态势和发展轨迹进行预测；另外还有一些企业属于合作伙伴范畴，能够与本企业开展产业链上的合作，是可以争取的外部资源。

（六）资源洞察

资源洞察就是从客户视角、竞争对手、业界最佳或同类标杆、投资者期望、自我追求等维度评价自身资源的优劣势。

在进行资源洞察时，要对已有的客户资源、管理资源、基础设施资源进行分析，必须分析所立足的层面能够用到的资源，如子公司如果能够协调总部集团的资源，则可以纳入资源优势范畴。企业的资源一定得基于当时当地所拥有的资源进行匹配。

（七）行动计划

行动计划就是对趋势洞察、行业洞察、客户洞察、竞合洞察、资源洞察进行总结后对企业业务形态、展趋势确定业务主体方向，是提供服务、产品、平台，展路线图，包括近期目标、中期目标和远期目标。再次，在这些目标基础上进行资源匹配，即能力开发。最后，在实施的过程还需要根据外部政策、竞争态势、企业战略调整等进行诊断和对标调整，最终进行业务输出，包括业务内容、营销渠道、产品形态等，进入不断的迭代循环阶段。

1. 定业务形态

根据客户洞察和资源洞察确定业务的具体形态，包括提供服务、软硬件产品、软件平台、商业生态等类型。不同的类型其投资的规模、长尾效应的水平也不同。以提供服务来说，包括系统集成服务、工程实施服务、通信服务、专线服务、云服务等类型，服务的种类比较多，也是竞争相对激烈的领域，其利润也最低。通常情况下，当进入一个行业没有明确的目标时，一般可以通过提供服务来快速切入目标市场。提供产品往往是提供硬件或者软件形态的交付物，提供平台以提供软件为基础，平台则涉及客户的内外部合作伙伴或者供应商，而生态则是终极业态，是企业本身的生态，其将各类客户和客户的客户融入其中，并提供开源平台给其他内容提供商。最后,产品、服务、平台供应商、生态平台可以在规模、流量做大后形成垄断利润,进而形成超额利润。

2. 定发展路线

(1) 发展规划

从行业洞察中确定行业空间规模,针对行业的空间规模确定业务产值规模,进而确定业务形态是否延伸,计划产出规模是多大。产出计划是在行业洞察且进行行业空间分析后,提出的相匹配的市场占有率目标,包括长期行动计划、中期行动计划和短期行动计划。

(2) 业务开发

业务开发方面包括业务架构描述及产品大致功能描述。行业架构师要根据业务形态对本行业的需求进行解构,形成解决方案、产品或平台架构说明书,架构说明书要涵盖具体的功能模块,以便形成概要设计,为后续的详细设计打下基础。

(3) 业务诊断

业务诊断包括竞争预判和业务竞争力诊断。当企业采取某种业务方案后,将会采取一定的措施,此时,企业洞察者需要提前预判竞争对手将会采取什么样的竞争打法,以提前形成资源储备和预案。业务诊断包括三个方:竞争预判、业务诊断、业务输出。竞争预判指采取行动后,竞争博弈预判与博弈战术打法。业务诊断指实施过程中的诊断或业务诊断评估建议。

参考文献

[1] 刘西友. 新治理数字经济的制度建设与未来发展 [M]. 北京：中国科学技术出版社，2022.

[2] 王大山，王淳枫. 链商重塑数字经济新生态 [M]. 北京：机械工业出版社，2022.

[3] 卜向红，陈伟兴，张峰生. 产业大脑企业数字化转型赋能 [M]. 北京：中国铁道出版社，2022.

[4] 朱琳. 大数据时代跨境数据流动治理研究 [M]. 苏州：苏州大学出版社，2022.

[5] 黄斌，任国威，戚伟川. 数字服务创新 [M]. 北京：企业管理出版社，2021.

[6] 刘继承. 数字化转型 2.0 数字经济时代传统企业的进化之路 [M]. 北京：机械工业出版社，2021.

[7] 胡江华. 数字经济基于特色产业生态创新 [M]. 北京：光明日报出版社，2021.

[8] 赵平. 透明地球数字地球美丽地球建设研究 [M]. 北京：中国经济出版社，2021.

[9] 袁国宝. 数字经济新基建浪潮下的经济增长新引擎 [M]. 北京：中国经济出版社，2021.

[10] 魏礼群. 中国改革与发展热点问题研究 2021[M]. 北京：商务印书馆，2021.

[11] 周广澜，苏为华. 中国方案数字贸易命运共同体的探索之路 [M]. 杭州：浙江工商大学出版社，2021.

[12] 邵益生. 中国城市发展报告 2020–2021[M]. 北京：中国城市出版社，2021.

[13] 王琦，张静. 数字政府 [M]. 北京：北京邮电大学出版社，2020.

[14] 龚勇. 数字经济发展与企业变革 [M]. 北京：中国商业出版社，2020.

[15] 刁生富，冯利茹. 重塑大数据与数字经济 [M]. 北京：北京邮电大学出版社，

2020.

[16] 李宏兵. 数字经济战略下中国企业"走出去"的劳动力市场效应研究 [M]. 北京：北京邮电大学出版社，2020.

[17] 龙白滔. 数字货币从石板经济到数字经济的传承与创新 [M]. 北京：东方出版社，2020.

[18] 周金泉. 社会数字治理信用化体系建设研究 [M]. 长春：吉林大学出版社，2020.

[19] 张彬. 数字经济时代网络综合治理研究 [M]. 北京：北京邮电大学出版社，2019.

[20] 陈罡. 城市环境设计与数字城市建设 [M]. 南昌：江西美术出版社，2019.

[21] 易高峰，常玉苗，李双玲. 数字经济与创新创业管理实务 [M]. 北京：中国经济出版社，2019.

[22] 徐建刚. 数字城市规划教程 [M]. 南京：东南大学出版社，2019.

[23] 闫德利. 数字经济：开启数字化转型之路 [M]. 北京：中国发展出版社，2019.

[24] 许冠南. 新范式下中国制造业数字化转型理论与实践 [M]. 北京：北京邮电大学出版社，2019.

[25] 王今朝. 政治经济学 [M]. 武汉：武汉大学出版社，2019.

[26] 刘亭. 信息经济发展测评与咨询建议 [M]. 北京：中国经济出版社，2019.

[27] 唐小凤. 实施乡村振兴战略背景下的中国农村经济发展研究 [M]. 中国原子能出版社，2019.

[28] 颜阳，王斌，邹均. 区块链+赋能数字经济 [M]. 北京：机械工业出版社，2018.

[29] 王露. 数字中国 [M]. 昆明：云南教育出版社，2018.

[30] 牛盼强. 文化产业发展态势研究 [M]. 上海：上海交通大学出版社，2018.

[31] 金典社区. 通证经济 [M]. 中国财富出版社，2018.

[32] 刘正宏. 非物质文化遗产数字化应用与教育化传承研究 [M]. 北京：中国轻工业出版社，2018.